Bibliothèque GREENFIELD PARK Library

RETIRÉ

SAUVER NOËL

Du même auteur
chez le même éditeur

Pardonnez nos offenses, roman, 2002.
L'Éclat de Dieu, roman, 2004.
Une seconde avant Noël, conte, 2005.
Personne n'y échappera, roman, 2006.

Romain Sardou

SAUVER NOËL

conte

Greenfield Park

© XO Éditions, 2006.
ISBN : 2-84563-312-2

À Michèle Daversin

Je crois que le don d'observation chez un grand nombre de tout jeunes enfants est d'une précision et d'une rigueur tout à fait merveilleuses. En vérité je pense qu'il est plus juste de dire, de la plupart des adultes qui sont remarquables à cet égard, qu'ils n'ont pas perdu cette faculté, plutôt que de dire qu'ils l'ont acquise; d'autant plus que je remarque généralement chez ces hommes-là la persistance d'une certaine fraîcheur, d'une certaine douceur, d'un certain pouvoir d'être satisfaits qui sont aussi un héritage conservé depuis l'enfance.

Charles Dickens
David Copperfield.

Chapitre 1

*Gloria Pickwick,
sa vie, son œuvre*

Depuis le temps que cette histoire est racontée, par les grands et par les petits, les conteurs professionnels et les conteurs de fin de tablée, les manuels d'histoire et les livres illustrés, tous s'accordent pour dire que l'aventure débuta le matin du 1er novembre 1854, à Londres, sur la place dominée par l'église St. Perry. Les plus tatillons poussent le souci du détail jusqu'à désigner un emplacement entre l'éventaire à salades de Gros John et la voiture à bras remplie de choux de Mr. Ploun.

C'était mercredi, jour de marché. La demie de six heures venait de sonner. En quelques instants, le calme de l'aube s'effaça sous une tourmente d'hommes et de bêtes : de partout, les étals et les boutiques jaillirent du pavé. Chaque recoin fut pourvu de son équipage : femmes portant des paniers de poissons sur la tête, ânes tirant des charrettes de légumes, bœufs tractant des caques de harengs et de haddocks fumés, paysans déployant leurs banderoles, commerçants ambulants armés de clochettes, vagabonds et coquins de toutes sortes, mêlés et confondus, tous déambulaient en gesticulant et en poussant des cris à tue-tête.

Le marché de St. Perry était réputé pour son exotisme. Voisin du district nanti de Mayfair, il était le mieux approvisionné en fruits et légumes rapportés par les navires de l'hémisphère Sud. Les enfants du quartier venaient guetter ces plantes aux formes et aux couleurs pittoresques, et certains restaient des heures à contempler fixement les ananas ou les grappes du papayer. Deux fois par semaine, les grandes familles et les restaurateurs de Londres pouvaient s'y précipiter pour assurer le renom de leurs tables.

Passé sept heures, le marché était en condition d'ouvrir. Sur quoi des files de clients envahirent consciencieusement les allées. Chacun avait sa liste et ses priorités, tout s'orchestrait comme un morceau de musique, sans couac, fluide, expéditif même. Le froid obligeait à ne pas traîner.

Seuls Gros John, assis près de ses salades, et Mr. Ploun, debout au pied de ses choux, ne participaient pas à la dynamique du moment et ignoraient même leurs premières clientes. Ils se tenaient la tête tournée vers le ciel, silencieux et l'air passablement préoccupés.

Sauver Noël

Ils admiraient dans le ciel grisâtre quelque chose de pas banal : une horde, un essaim, une flotte massive de corbeaux. Ceux-ci apparaissaient sous les nuages, tournaient sur eux-mêmes en emportant des filets de brouillard, puis disparaissaient un instant avant de revenir, unis et serrés, tels des soldats à la botte de leur sergent.

Les clientes du marché qui suivirent le regard des deux négociants assenèrent crûment :

« Eh bien ? Réveillez-vous ! Il s'agit bien de volatiles ! Servez-nous. Nous gelons ! »

Gros John et Ploun, hommes nés loin des villes, savaient eux que c'était un mauvais présage. Jamais ils n'avaient aperçu autant de corbeaux ensemble ni réaliser pareille chorégraphie ! Les deux hommes possédaient par cœur ces histoires à vous dresser le poil qui traitaient des gibets publics. Les charognards envahissaient la ville pour venir becqueter les yeux des pendus. Mais c'étaient de lointains et douteux racontars. Et il n'y avait plus de potence dans les rues de Londres depuis longtemps.

« Laissez passer ! Place ! Allons, remuez-vous de là ! »

Une courte et grosse femme en habits de deuil sous un grand manteau noir, cheveux très roux, joues roses et œil pétillant, chargée de paniers encore vides, surgit sur le marché et se glissa jusqu'aux choux et aux salades de Ploun et de Gros John.

Sauver Noël

« Eh ! Hello, Mrs. Gloria ! » lui dit aussitôt le premier.

« Quel bon vent, Mrs. Gloria ! » lui fit le second.

Sur leurs têtes, sans un croassement, les oiseaux funestes s'étaient échappés au-dessus de la brume et ne revinrent plus.

Gloria Pickwick ?

Ami lecteur, si j'étais en ce moment face à toi et non devant ma triste feuille blanche (qui ne réagit jamais à mes emportements, quels qu'ils soient !), je m'empresserais de bondir, d'écarter les bras et de donner de la voix pour souligner l'importance du personnage qui vient à toi. Ce serait un brin cabotin, soit, mais, comme souvent dans la comédie, un excès de zèle et de transport ne saurait nuir.

Gloria Pickwick ? Une légende sur le marché St. Perry ! Un mythe, vénéré depuis le West End jusqu'à Grosvenor Square en passant au-delà du pont Kingston qui enjambe la Tamise. Une icône parmi l'excellente société londonienne ! Il n'est pas inexact de dire que son nom a été prononcé avec intérêt dans les causeries de Buckingham Palace.

Mrs. Gloria Pickwick occupait le poste de gouvernante au 6, Collins Square, foyer des Balmour.

Âgée de quarante ans, veuve d'un maître ramoneur resté pieds par-dessus tête dans un conduit de cheminée et mère d'une petite Zoé de dix ans,

Sauver Noël

Gloria était la perle rare de la famille de lord Davy Balmour. Gouvernante, cuisinière, lingère, nounou, couturière, horticultrice, camériste, chienne de garde, intendante et personne de bon conseil, à elle seule, depuis sept années, Gloria régentait la vaste demeure des Balmour sans jamais formuler une plainte et en forçant l'admiration de ses pairs.

Elle avait rejoint leur service à la suite de l'accident qui emporta son mari. Un maître ramoneur comme il ne s'en voit qu'un exemplaire par siècle, ce Newman Pickwick! Bon, précautionneux, concerné par la santé des chérubins qui grattaient la suie pour son compte. Nulle part on ne vit une entreprise si charitablement menée. Une nuit cependant, instruit qu'un petit garçon travaillant pour un concurrent était immobilisé dans un conduit dangereux et que son maître refusait d'abandonner son lit pour le secourir, Newman Pickwick s'élança à sa rescousse. Ce fut par cet élan d'humanité que la mort le cueillit. Il s'engouffra dans la cheminée et ne reparut plus. Mais l'enfant fut sauvé.

Le drame eut lieu sur Collins Square. Le bon lord Davy Balmour, qui occupait le numéro 6, s'étant enquis de la famille du brave maître, rencontra Gloria, alors mère d'une Zoé haute de trois ans. Ni une ni deux, il les recueillit sous son toit, bien qu'il ne manquât aucunement de personnel.

Gloria commença au département du linge. Parce qu'elle s'en acquittait mieux que les blanchisseuses déjà en place, elle les remplaça toutes les deux. Ensuite, elle fut affectée comme aide-cuisinier. De la même façon, plus vive et plus capable que le chef français payé à prix d'or, elle lui souffla le poste. Il en alla ainsi pour tous les métiers de la maison. En deux ans, le foyer Balmour passa de neuf employés permanents, à une seule! Et cela sans perdre en qualité ni en diligence dans le service. Gloria Pickwick était un phénomène. Rien ne résistait à sa volonté de bien faire. Très vite, l'on ne parla plus que de ses compétences remarquables, l'on envia les Balmour, l'on cita partout en exemple l'entretien de cette maison.

Gloria Pickwick était devenue le *Jupiter Optimus Maximus* de la gouvernante anglaise!

Cela étant écrit, cher lecteur, tu dois à présent mesurer l'effet que produisait sa venue le mercredi matin sur le marché de St. Perry.

« Eh bien, qu'avez-vous à bayer aux corneilles de la sorte? Dépêchons, Gros John! Quel prix pour votre meilleur mesclun? »

Le vendeur de salades fut tiré de sa contemplation du ciel. Gloria Pickwick était toujours pressée. Jamais en retard, mais toujours pressée. C'était le trait le plus accoutumé de son caractère.

Gros John ôta son chapeau.

« Eh bien, disons... deux pence et demi? »

Gloria arqua les sourcils.

Sauver Noël

« C'était le prix la semaine dernière, nota-t-elle, et c'était alors honnête. Il y a encore trois jours, la réfection de votre serre n'était pas achevée. Mais, à ce qu'on m'a dit, tout est en ordre désormais. Vous n'avez donc plus à vous plaindre. Deux pence. Pas un de plus. »

Le prix était fixé. Docile comme devant les arrêts du Ciel, Gros John ne contesta pas, il s'exécuta, mais plein de chagrin : de toute la journée il ne rattraperait jamais ce demi-penny qui venait de lui échapper.

Gloria composa son assortiment de feuilles vertes, paya la note et s'en fut.

« Merci, bonjour ! »

Derrière elle, d'autres employées la talonnaient. Que Gloria désigne un quartier de viande, une chair de poisson ou un cageot d'artichauts, et ils étaient dévalisés après son passage. Elle était connue pour avoir le nez de dénicher mieux que quiconque les produits de premier choix. Quant aux prix ou à ses commentaires, ils faisaient le tour de St. Perry en quelques instants. Certains détaillants avaient même dû renoncer à venir marchander ici après une saillie spectaculaire de Gloria. Cette femme, bien que juste et honnête, ignorait tout des demi-mesures.

En moins de temps qu'il n'en faut pour la traverser, elle promena sa tête rouge sur la place St. Perry, acheva son marché et disparut dans un omnibus pour rejoindre Collins Square.

Sauver Noël

Gros John et Ploun purent de nouveau jeter un œil vers le ciel. Ils s'aperçurent alors que les corbeaux ne s'étaient jamais totalement évanouis, mais qu'ils se tenaient sur les toits et les bords de fenêtres. Il s'en trouvait presque partout autour de la place. Tous se taisaient.

Les deux hommes échangèrent un regard de contrariété.

« Tu as déjà surpris cela, mister Ploun ?
— Jamais, mon bon John. Mais il est une vieille histoire qu'on me contait enfant et que je ne saurais oublier, en dépit de toutes ces années qui sont désormais les miennes.
— Une histoire ? Et quelle histoire, s'il te plaît, Ploun ? »

Ploun prit un air très énigmatique, jeta un œil alentour pour s'assurer qu'on ne lui volerait point ses paroles et fit un pas dans la direction des salades de Gros John.

Il cita :

« De tout temps, et en tous pays, le diable aime à se faire annoncer... »

Chapitre 2

Qui sera assez court, et pourra paraître de peu d'importance ici, mais qu'il faut lire néanmoins, parce qu'il complète le précédent, et sert à l'intelligence d'un chapitre qu'on trouvera en son lieu

Gloria Pickwick bondit hors de l'omnibus à la station de Lavander Spot et se précipita au numéro 6 de Collins Square, ses paniers de provisions sur chaque bras.

Sans un regard autour d'elle, elle s'engouffra dans les marches qui conduisaient en sous-sol à l'arrière-cuisine des Balmour. Là, elle retrouva la seule personne, la seule aide qu'elle eût jamais tolérée : sa fille Zoé.

La fillette de dix ans avait avancé sa mère sur les préparatifs du petit déjeuner des Balmour. La gamine au teint clair, au long cou délicat, aux tresses blondes, aux yeux miroitants d'un beau noisette, avait pressé des oranges, sorti le pudding du garde-manger, plongé des œufs dans de

Sauver Noël

l'eau bouillante et mis des langues de bacon à rissoler croustilleusement. Un délicieux parfum envahissait les sous-sols et s'échappait par un œil-de-bœuf jusque dans la rue.

« Rebonjour, maman ! Avez-vous trouvé ce que vous souhaitiez ?
– Sans difficulté. Madame n'a pas sonné ?
– Pas encore, maman. »

En dépit de ce que cette scène laisse suggérer, l'on ne doit pas se figurer que la fille de Gloria Pickwick vivait à la manière de ces enfants de personnes modestes soumises aux classes riches : petites mains non rémunérées, esclaves modernes. Non, non, Zoé Pickwick était préservée de cela par sa mère. Si elle venait à l'aider, comme ce matin, ce n'était que très ponctuel et toujours pour de modestes efforts. Gloria rêvait d'une existence enviable pour sa fille unique. Selon elle, Zoé serait fleuriste, établie à son compte grâce à ses sacrifices et au petit pécule laissé par feu son mari Newman. Zoé n'accomplissait jamais de lessive ni de reprisage, car Gloria voulait qu'elle garde les mains blanches et délicates pour servir ses bouquets. Zoé ne pliait pas le dos sous d'encombrantes commissions ou des litres de lait, car Gloria insistait pour qu'elle ait un port de princesse derrière son comptoir. Et, pour s'assurer davantage de ce dernier point, Zoé devait chaque jour monter et descendre des escaliers avec un volume du dictionnaire du docteur Johnson posé

Sauver Noël

sur la tête. Grâce à cet exercice, elle eut bientôt un maintien de lady tout à fait saisissant pour sa petite taille. Mais Gloria ne se limitait pas aux apparences. Pourvue d'une encyclopédie illustrée prêtée par lord Balmour, elle lui inculquait patiemment les familles de fleurs, leur géographie, toute la documentation accessible, en commençant par leur nom en latin.

Ce matin, précisément, alors que Gloria distribuait des confiseries sur un plateau en argent et surveillait la cuisson du porridge des enfants, elle lui fit réciter la leçon de la veille portant sur les monocotylédones liliacées.

Après que sa fille eut répondu sans hésitation aux questions sur les variétés les plus rares, surajoutées de leurs couleurs précieuses et de leurs formes particulières, Gloria la prit dans ses bras, la larme montée à l'œil, et elles s'embrassèrent tendrement.

À ce moment, une clochette tinta sur le tableau de service, signe que les Balmour étaient descendus dans le patio.

Gloria essuya la goutte qui lui roulait sur le nez, revêtit un tablier blanc et monta vivement accomplir son devoir.

Les mets du petit déjeuner avaient été hissés par le monte-charge. Lorsque Gloria pénétra dans le patio, ce fut des cris de joie de la part des enfants Balmour, Katherine, Robert et Emily. L'un après l'autre, ils lui posèrent un baiser sur la

Sauver Noël

joue. Lady Meredith Balmour la gratifia d'un sourire lumineux et le lord d'une tape amicale sur l'épaule. Pour tous, Gloria Pickwick faisait partie de la famille. Ils la traitaient comme telle, et jamais Gloria ne s'était sentie appartenir à une classe inférieure. Si elle travaillait si parfaitement et si fort, c'était bien qu'elle aimait cette famille et qu'elle s'en sentait aimée, elle et sa fille Zoé.

Le patio donnait sur le jardin arrière de la maison par de grandes baies vitrées ; soudain, la brume matinale et glacée se déchira et un rayon de soleil inonda la pièce. Enfin, une belle journée s'annonçait à Londres !

Ainsi donc, au 6, Collins Square, aujourd'hui encore, tout allait pour le mieux dans le meilleur des mondes.

Et pourtant...

Chapitre 3

*Paraphrase de cet adage philosophique :
que chacun reste chez soi et les moutons
seront bien gardés*

La famille Balmour logeait au 6, Collins Square, dans la plus belle bâtisse de cette place illustre que se disputaient les meilleures familles de Londres.
« Collins Square » inscrit sur un bristol à votre nom était un gage de réussite, de respectabilité, et même de moralité.
Deux lords habitaient la place, lord Davy Balmour et lord Ernest Chubblewig. Par un hasard tout romanesque, ces dignitaires possédaient des maisons mitoyennes construites par le même architecte, identiques en tous points. Les deux corps appartenaient autrefois à une famille enrichie dans le sucre sous George III ; les maisons furent ensuite séparées pour faciliter la vente, ce qui donna le numéro 6 aux Balmour et le numéro 6 *bis* aux Chubblewig. Mais le toit de ces derniers

Sauver Noël

était abandonné depuis quinze ans, suite à une querelle de succession et un imbroglio juridique comme il s'en était rarement vu, même en cette ère victorienne si friande de procédure légale. Ernest Chubblewig avait spécifié dans son testament qu'il voulait que la maison de Collins Square soit cédée à une œuvre caritative secourant les jeunes orphelines. Les héritiers, voyant dans ce geste du cœur un vol manifeste, lancèrent une action pour casser le document du défunt. Le résultat en fut que le 6 *bis*, Collins Square se trouva mis sous scellés par un juge dès le début de l'affaire et que depuis tout ce temps, volets clos et portes fermées, seuls la poussière, le froid, l'humidité et les toiles d'araignées profitaient de cette adresse prestigieuse. Le jardin et la façade étaient mangés par les mauvaises herbes, les gouttières débordaient de feuilles mortes, les encoignures étaient devenues le paradis des nids d'oiseaux et le noir sournois des salissures du temps avait fini par rendre cette demeure inquiétante aux enfants.

Le soir du jour du marché, alors que Gloria terminait sa vaisselle dans la cuisine des Balmour, elle entendit par les fenêtres comme un roulement militaire sur la place. C'était un équipage d'au moins six chevaux qui brûlait les pavés. Et au bruit des sabots subitement interrompu, une certitude étreignit notre chère Gloria : *cela* s'était arrêté devant le 6 *bis* !

Sauver Noël

Une seconde ou deux lui suffirent pour retirer son tablier et sortir dans la rue.

C'était bien une diligence à six chevaux stoppée devant l'adresse des Chubblewig. Du jamais vu en sept ans de service. Le carrosse était couvert de boue et de poussière, les chevaux fumaient et écumaient comme s'ils venaient de traverser l'Europe. L'impériale croulait sous les malles.

La portière de la voiture fut ouverte par un valet habillé en noir des pieds à la tête. Il déposa un marchepied, et une botte noire, une jambe à guêtres noires et un buste enfoui sous un long macfarlane noir apparurent. C'était un homme. Il portait une capuche sur la tête et de lourds habits d'hiver. Impossible de discerner son visage.

À sa suite sortirent une femme vêtue de gris et de parme, de soie et de velours, et un personnage plus petit qui pouvait être un enfant. Ils étaient étonnement calmes et figés, sans un regard de droite ni de gauche.

Toute la scène baignait dans les halos jaunis des réverbères.

« Qu'est-ce que c'est que ces zigotos ? » murmura Gloria en faisant la moue.

Mais un tilbury débola sur la place et s'arrêta bruyamment derrière l'équipage.

« Quelle animation sur Collins Square ! » se dit encore la gouvernante, car il faisait déjà nuit depuis deux heures.

Sauver Noël

Un homme tout fin, tout étroit, tout haut, aux membres étriqués comme des gousses de vanille sous un complet et un spencer verdâtres sortit de la voiture légère et se précipita vers les nouveaux arrivés. Gloria le connaissait, c'était le notaire Alois Pepper ; il travaillait sur la longue procédure des héritiers Chubblewig.

Autant qu'elle put le voir, l'homme de loi fit accomplir nombre de tortillements et de contorsions à son dos, à son bras et à son haut-de-forme, avant de s'adresser au monsieur, puis de sortir une clef d'une serviette en cuir pour délivrer le passage grillé du 6 *bis*, Collins Square !

Les trois inconnus montèrent sur le perron où, là encore, Maître Pepper poussa la porte d'entrée qui grinça, lourde de quinze années d'hibernation judiciaire.

Gloria n'en croyait pas ses yeux : l'affaire était-elle enfin résolue ? Mais qui en avait tiré le bénéfice ? Elle se montrerait bien surprise si ces zozos-là avaient quelque rapport que ce soit avec un orphelinat pour jeunes filles !

Elle regarda alentour. Devant les six différentes maisons de la place, tous les domestiques étaient, comme elle, en train d'examiner plus ou moins discrètement l'étrange événement qui se déroulait. La plupart étaient en robe de chambre.

La portière du grand carrosse était restée ouverte : dans le sillage des trois premiers per-

Sauver Noël

sonnages, d'autres individus, aux figures et aux toilettes sombres, surgirent et prirent le chemin de la maison. Un, deux, trois... huit, neuf, dix... quatorze, quinze, seize... Il en sortait à la queue leu leu comme des diables d'une lampe magique ! Aussi vaste que puisse être l'intérieur de la voiture, il n'aurait jamais su contenir tout ce monde, à moins qu'ils n'aient entre eux les propriétés d'adhésion de l'écorce avec le bois ! Vingt et un, vingt-deux, vingt-trois...

Cela s'interrompit au nombre faramineux de trente-trois.

Tous pénétrèrent dans la demeure des Chubblewig. Dès lors, l'on vit les valets démonter les malles dessus l'impériale et l'attelage disparaître ensuite dans un tintamarre de fers à cheval. Le notaire Alois Pepper, enfin, se retrouva sur le perron, porte d'entrée violemment claquée dans son dos.

Lorsqu'il eut mis un pied sur la place, les domestiques qui le connaissaient fondirent sur lui. Dont Gloria Pickwick qui en bouscula quelques-uns pour se frayer un passage ; la petite femme toute ronde et aux cheveux rouges prit aussitôt la parole :

« Que se passe-t-il au 6 *bis*, maître ?

– Je ne dirai rien. »

Pepper rajusta son chapeau avec cet air morveux qui sied aux hommes dont la profession fleurit sur les disputes des autres.

Sauver Noël

« Mais qui sont ces nouvelles personnes que nous venons de voir ?
— Le baron Ahriman, sa famille et ses amis. Mais suffit : je ne dirai rien, ai-je annoncé !
— Et que fabriquent-ils dans la maison de lord Chubblewig ? lança la jeune femme de chambre du n° 2.
— Ils sont chez eux, ma petite, dès aujourd'hui. Les papiers signés sont tous en ma possession. Le baron a acheté le n° 6 *bis*, Collins Square. Seulement, en ma qualité de notaire assermenté, je ne puis rien dire. Laissez-moi aller. »
Il voulut faire un pas, mais Gloria lui barra le passage.
« La dispute sur la succession est-elle donc terminée ? Plus de procès ? »
Alois Pepper soupira, comme on le fait devant un enfant qui insiste sur des choses qu'il ne saurait embrasser en son jeune âge.
« Ainsi que le disait souvent Aristote, fit-il avec cérémonie, il est des agents naturels en ce monde qui aplanissent tout. L'argent fait partie de ceux-là. La fortune du baron Ahriman a su tout régler en ce qui regarde la procédure : il a comblé d'or et les héritiers Chubblewig, et l'organisme de charité choisi par l'auteur du testament. Fin des débats. Tout le monde en sort satisfait. »
Là-dessus, il passa ses doigts de squelette sur son épingle de cravate, dorée et surmontée d'une pierre précieuse de la taille d'un œil de taureau.

Sauver Noël

Ses souliers neufs et sa nouvelle chaîne de montre disaient assez qu'Alois Pepper avait lui aussi perçu son salaire.

« Toutefois, ma qualité de notaire me l'ordonne, je ne dois rien révéler de cette affaire », assena-t-il une fois encore, comme si c'était la première.

Cette fois, Gloria ne le retint pas.

Maître Pepper remonta dans son cabriolet de louage, convaincu d'avoir joué tous ces domestiques avec autorité. Mais au vrai, personne n'avait plus rien à lui demander.

« Le baron Ahriman ? murmura Gloria. Quel est donc ce gugusse qui vient vivre près de mes maîtres ? et qui déboule en pleine nuit ? De quel pays nous débarque-t-il ? Ce noir qu'il porte des pieds à la tête n'a vraiment rien de très britannique, je pense.

– Pour que tous soient ainsi vêtus, avança Claire, la chambrière du n° 2, il est à craindre un douloureux deuil dans cette famille.

– Oui... ou des mœurs vestimentaires acquises je ne sais où ! En tout cas, je n'apprécie guère que l'on arrive ainsi, de nuit, en catimini, presque à l'insu de tous !... Ils ont quelque chose à cacher ou quoi ? »

Là-dessus, Gloria abandonna la troupe pour retourner achever sa vaisselle. Tous s'étaient mis à parler. Elle ne participait pas aux cancans de quartier qu'elle avait en horreur : ce qui intéressait Gloria, c'étaient les faits, et les faits seuls.

Sauver Noël

Elle alla informer lord Balmour et sa femme de l'existence de leurs nouveaux voisins. Lady Meredith, qui faisait la lecture à son mari dans leur bibliothèque, répondit aimablement comme toujours : « Il faut leur envoyer une corbeille de fruits avec un joli mot de bienvenue. Et nous les inviterons pour prendre le thé. Occupez-vous de cela demain matin, Gloria. »
Gloria leva un de ses sourcils qu'elle avait aussi roux que sa chevelure et se dit qu'elle imaginait mal ce grand baron macabre, un verre de porto à la main, assis dans le boudoir rose de Madame !
« Qui peut-il bien être ?... Il ne m'inspire déjà rien de bon. »

Quoi qu'en pense notre héroïne, depuis toutes ces années que son histoire est racontée aux enfants, les multiples versions s'accordent pour dire que l'incroyable aventure débuta de cette façon... avec l'arrivée du baron Ahriman à Collins Square.

Chapitre 4

Où Gloria s'interroge comme le grand Benjamin Franklin. Où Gloria s'énerve et se vexe. Où Gloria décide de ne plus prêter attention à ce curieux voisin

Le lendemain, Gloria se rendit comme convenu au 6 *bis* avec un panier de fruits et un mot d'invitation.
Elle se retrouva devant la grille usée. Une nouveauté la surprit : la plaque de cuivre vieilli et noirci où était gravé depuis des années le nom des Chubblewig avait déjà été remplacée par une autre de même taille, mais en or rutilant et portant le nom du nouveau propriétaire en caractères cursifs ! *Ahriman*.
Gloria haussa les épaules.
« Des " m'as-tu-vu ", voilà ce qu'ils doivent être ! »
Elle s'étonna aussi de voir qu'en dépit du nombre de personnes engouffrées dans la maison, les volets étaient toujours clos, et que même

aux grandes fenêtres du rez-de-chaussée dépourvues de volets, on avait tiré des stores pour masquer l'intérieur de la maison.
Gloria agita la sonnette.
La porte du perron s'ouvrit et une personne apparut. Elle était très grande, très mince et portait un large chapeau noir à bord tombant. Hanches de côté, d'un pas léger, presque aussi maniéré que celui des ballerines, la personne s'approcha de la grille et de Gloria.
« Que veut-on ? » lui demanda-t-elle en détachant chaque syllabe.
À sa voix, Gloria reconnut une femme et un anglais teinté de roumain ou de bulgare. La personne masquait les traits de son visage en baissant le front, mais un morceau de sa peau glabre et blanchâtre n'échappa point à notre amie, qui en conçut illico un dégoût accru.
« Je viens de la part de ma maîtresse, lady Davy Balmour, dit-elle, vous offrir ce modeste panier et inviter Mme et M. le baron à prendre le thé au jour qui leur conviendra. »
La dame, pour toute réponse, fit craquer ses doigts.
« M'avez-vous entendue ? » insista Gloria qui n'aimait point qu'on ne la regarde pas lorsqu'elle s'adressait à quelqu'un.
La personne glissa sans rien dire une main sous un pli de sa robe noire et en tira une grosse clef qu'elle introduisit dans la serrure qui bloquait la grille.

Sauver Noël

Passage entrouvert, elle saisit le panier de fruits et l'enveloppe de Gloria avant de refermer l'entrée et de remettre un tour au verrou.

« Soit, dit-elle. Cela sera transmis.
– C'est tout ?
– C'est tout quoi ?
– Comment ?... Pas un " Merci de vous être déplacée " ou un " Quelle gracieuse attention ! " ou, pourquoi pas, un " Bonjour, je m'appelle untelle et vous, quel est votre nom, chère amie ? " Enfin, je ne sais pas, moi ! Le minimum entre domestiques de voisinage, bon sang ! »

Gloria croisa les bras et fit sa tête de dogue. Tête qui faisait frémir tout le monde dans le quartier tant elle était le signe avant-coureur d'une gifle subite ou d'un coup de bâton.

« Seriez-vous en train de hausser la voix ? lâcha la personne en détachant chaque syllabe.
– Parfaitement !
– Seriez-vous en train de me confondre avec une domestique ?
– Ça m'en a tout l'air, en effet ! Et vous en faites une belle, croyez-moi ! À moins que du pays où vous venez les baronnes aient la règle d'ouvrir elles-mêmes leurs portes aux... »

Elle n'acheva pas sa phrase. Non point qu'elle crût se trouver en présence de Mrs. Ahriman, mais elle venait de jeter un regard sur le panier de fruits posé entre les mains de la personne.

« Ça par exemple ! »

Sauver Noël

Les oranges, le raisin et les poires étaient en train de pourrir sous ses yeux ! Un duvet verdâtre répugnant les enveloppait déjà.

La personne secoua nonchalamment la tête et fit volte-face en disant :

« M. le baron répondra. »

Puis elle remonta vers le perron pour disparaître.

Gloria resta un moment bouche bée. Autour d'elle, aux fenêtres de Collins Square, des domestiques essayaient de comprendre ce qui se passait.

« Appris quelque chose de neuf, Gloria ? » lui lança le cocher du n° 4.

Gloria fit très vite un non de la tête, bien convaincue qu'elle serait prise pour une démente si elle racontait ce qu'elle avait cru voir. Elle s'éloigna. Au reste, elle-même n'admettrait certainement pas son récit si quelqu'un d'autre lui en faisait le résumé. Gloria était une personne de son siècle, les pieds bien campés sur la Terre ! Rationnelle et pratique, elle engageait si peu sa foi dans les histoires de phénomènes anormaux et fantastiques que, tout comme son idole le grand Benjamin Franklin confronté à un météore, elle oserait clamer : « Il ne peut pas tomber de pierres du ciel parce qu'il n'y a pas de pierres dans le ciel ! » Voilà de quel bois son esprit était fait, et des fruits qui pourrissent aussi vite n'y avaient pas leur place.

Sauver Noël

À chaque question, se disait-elle, il y a une réponse, il suffit de la chercher avec ordre et méthode.

*

Dans l'après-midi, le baron répondit aux Balmour par un mot et un bouquet de fleurs. Gloria les porta à Meredith. Elle comptait discuter avec sa maîtresse de ses premières impressions sur le voisin. Elle savait que lady Balmour lui portait toujours une oreille attentive.

Meredith, très élancée, des cheveux de jais, les yeux en amande au bleu très profond, était une âme pure, une mère vigilante, une épouse exemplaire et une maîtresse de maison qui ne s'excédait jamais. Elle était aussi une citoyenne pleine de cœur : si généreuse, du reste, qu'elle avait renoncé à s'affilier aux divers cercles charitables dirigés par les épouses fortunées de son quartier. Ces dernières, remplissant un rôle mondain plus que caritatif, dépensaient leur énergie en collations raffinées, en réunions à caractère festif ou en dîners savoureux endurés avec abnégation ; selon toute vraisemblance, ces philanthropes du beau sexe se disaient qu'une salade de homard ou un sorbet à la pistache étaient les meilleurs atouts pour éradiquer la faim dans le monde. Meredith Balmour s'étonnait que ces dames en grand tralala aient si à cœur de financer des expéditions pour l'autre face du globe alors que les enfants déshérités du nord de la Cité ne leur tiraient pas une larme. Elle fuit donc ces cocktails de tartufes et abandonna le sort des continents indigènes à ses sœurs de charité pour mettre toute son énergie dans la création d'une école gratuite et dépourvue de coups de martinet en la banlieue industrielle de Manchester, là où les enfants étaient considérés à l'aune d'une brouette ou d'un piston à huile.

Lord Davy Balmour, bien qu'il fût plus âgé de trente ans que sa femme et que son apparence physique ne prévînt aucunement en sa faveur (il était petit, chauve, bedonnant, et gratifié d'une figure aplatie des plus surprenantes), avait fait un mariage d'amour avec Meredith. Héritier d'une famille écossaise séculaire, lord Balmour avait vieilli sur les bancs de la Chambre, politicien honnête et altruiste. Aujourd'hui, fatigué et revenu du genre humain, il s'était retiré des affaires et avait résolu de passer ses dernières années dans la douceur de son foyer, auprès des siens.

Dans le salon, Meredith lut le mot du voisin apporté par Gloria.

Le baron Ahriman remerciait lady Balmour de son attention de ce matin, tout en regrettant de ne pouvoir se présenter pour le thé avant une période indéterminée. Il se disait atteint d'une longue et éprouvante maladie, mais dont il était certain de venir à bout. Seulement, son médecin lui interdisait toute sortie.

À ce mot de remerciement était joint un bouquet de fleurs absolument remarquable.

« Avez-vous vu la magnificence de ces pétales, Gloria ? s'exclama Meredith. Faites vite monter Zoé, cela va la ravir ! »

Zoé resta littéralement pétrifiée devant la composition florale.

« Mais... dit-elle, je n'ai jamais vu nulle part de telles fleurs, Madame !

– Que dis-tu là, voyons ? protesta Gloria, qui ne souhaitait pas qu'on prenne sa fille en défaut de connaissance sur les espèces florales.

– Non, maman, j'insiste. Ces fleurs... eh bien, ces fleurs... Pardon, mais elles n'existent pas ! »

Rouge et bleu en forme de trident ; rose, jaune et mauve ressemblant à des cornes d'abondance ; blanche à pointe noire formant des triangles absolument parfaits ; orange et chocolat en cercles concentriques réguliers.

« Je suis certaine de ne jamais les avoir rencontrées dans mon encyclopédie, souligna Zoé. Je m'en souviendrais !

– C'est pourtant vrai qu'elles sont originales, dit lady Balmour, admirative. Ce baron est un véritable gentleman qui sait surprendre les dames !

– Mouais... je me demande de quoi est faite sa maladie, à ce baron, murmura Gloria, incrédule. Il

Sauver Noël

n'avait pas l'air mourant en descendant de son carrosse la nuit dernière. Cela cache sans doute quelque chose. Et puis je n'aime pas beaucoup la manière de ces gens. »

Meredith lui fit de gros yeux.

« Demandez-vous plutôt comment nous pourrions lui être agréables. Et cessez de voir le mal partout, allons ! Vous m'effrayez avec vos soupçons ! »

En une seconde, le visage de Gloria vira au rouge.

« Le mal partout ? fit-elle. Pardon, Madame, mais ai-je l'habitude de m'alarmer devant des riens ? Je veux dire, en sept ans de service, ai-je montré un défaut dans mon caractère qui laisserait entendre que, comme vous le dites, je vois le mal partout et en toute circonstance ? »

Meredith sourit et secoua gentiment la tête. Elle connaissait le tempérament de sa gouvernante !

« Non, Gloria, non, vous n'êtes pas comme cela. Pardon. C'est tout à fait inaccoutumé. Ne vous emportez pas. N'en parlons plus. Je voulais juste dire... »

De vermeil, les joues de la gouvernante retombèrent graduellement vers les tons rosés. Elle poursuivit :

« Aussi, rectification, s'il vous plaît : je vois le mal au 6 *bis* de notre voisinage. J'éprouve un net inconfort à savoir ces gens inconnus installés à une porte de chez nous. Ils ne m'inspirent rien de bienfaisant. C'est un sentiment assez rare chez moi pour que je m'autorise à vous le communiquer. Mais sur ce, vous avez raison, n'en parlons plus, je tiendrai ma langue sur le sujet du baron et de sa clique. »

Vexée, Gloria quitta la pièce avec Zoé et elle tint sa parole en évitant toute conversation qui pouvait traiter des voisins.

Et cela, bien que dans le mois qui suivit l'installation du baron Ahriman, les discussions entre domestiques de Collins Square se soient sacrément accentuées à son sujet :

« Depuis tout ce temps, pas une personne n'est ressortie de cette maison ! disait une personne de confiance.

– Les volets restent clos, de jour comme de nuit.

– Ils refusent toutes les invitations du voisinage.

– Les rats et les souris ont fui précipitamment la maison !

Certains, piqués au vif, voulurent enquêter plus avant. Bien mal leur en prit :

« À quatre reprises, disait Ned, le secrétaire du n° 1, le carrosse aux six chevaux a reparu. J'ai voulu le suivre. La voiture emprunte toujours le même itinéraire et passe par le long tunnel de Heathson. »

Ned prenait un temps de sénateur pour bien marquer sa stupéfaction.

Sauver Noël

« Eh bien, elle entre par un bout du tunnel... mais ne ressort jamais de l'autre ! L'attelage disparaît, il s'évanouit proprement au point le plus sombre du tunnel. On l'entend rouler avec son bruit pas possible et puis soudain, pffuit ! plus rien ! »

Cette histoire de carrosse effrayait tout Collins Square. Mais la gouvernante des Balmour refusait d'entendre ces fariboles.

« Je ne veux pas le savoir. Cela ne m'intéresse pas. Tant que cette voiture fantôme ne viendra pas me renverser en allant au marché, Ahriman et les siens n'existent pas pour moi.

– Enfin, quelque chose ne tourne pas rond ! insistait tout un chacun, il faut nous aider à tirer cela au clair. »

À force d'insistance, Gloria finit par se fâcher pour de bon.

« En voilà, assez ! Vous êtes devenus fous, ma parole ! Le prochain qui vient m'importuner avec cet olibrius du 6 *bis*, je l'assomme ! »

Menace qui fut prise très au sérieux. Il faut dire qu'en sept ans à Collins Square, tous les domestiques du coin s'étaient vus recevoir, au moins une fois, une gifle de la part de Mrs. Gloria...

Il faudrait encore attendre quelques jours avant qu'un événement surnaturel ne bouleverse le cours des choses et force notre amie Gloria à revoir sa position.

Sauver Noël

D'ici à ce moment, les occupants du 6 *bis*, Collins Square restèrent sous la surveillance de leurs voisins de quartier... mais pas d'eux seulement. Bien loin de là, d'autres personnages essentiels à notre histoire s'inquiétaient eux aussi de la présence du baron Ahriman...

Chapitre 5

Où nos quelques fidèles lecteurs retrouvent des personnages issus de Une seconde avant Noël. *Et où nous nous montrerons tout à fait en accord avec M. Charles Dickens lorsqu'il prétend : « Si le monde va de travers, c'est que, par suite d'une certaine désinvolture, il n'a jamais été destiné à marcher droit. »*

Un vieux sage de Perse a dit : « Lorsque les hommes n'observeront plus les étoiles du firmament, ils auront perdu un peu de ce qui constitue leur âme. » Si tôt dans le passé, il semble que ce sage ait prévu l'arrivée de l'éclairage au gaz à Londres deux millénaires plus tard. Car il faut bien l'admettre, même avec une infinie détermination, celui qui lève en 1854 les yeux en pleine nuit dans la Cité n'y voit plus qu'un oppressant manteau de fumée brune, cuivré par les feux des réverbères qui maillent les rues. D'étoile, point. De constellation, jamais. De

Sauver Noël

Voie lactée, qui y songe encore ? Et de lune, oui, mais seulement par intermittence. Le résultat est que plus personne ne sait désormais nommer une galaxie, retrouver la course d'une planète ou discerner les formes des dieux et des animaux célestes que nos aïeux avaient recensés au-dessus de leurs têtes. J'ignore si le sage de Perse a raison de mentionner l'âme humaine dans son adage, mais que les hommes aient perdu le sens de l'orientation, cela est indiscutable. Qui peut encore, à vue de nez, situer seulement le nord ou donner l'heure ? En très peu d'années, l'homme a désappris à se guider. Et sans les astres du ciel comme équipiers, plus de route possible. Un Ancien n'était jamais perdu, dit-on, alors qu'un Moderne sait rarement où il va s'il n'a pas le nom d'une route à sa disposition.

Tout ce tintouin astronomique pour vous dire que si, par inadvertance, le ciel londonien de ce soir avait daigné se laisser observer, eh bien, comme moi, vous auriez aperçu dans la voûte céleste une minuscule constellation intitulée le *Petit Cheval*.

Et au cœur de cette constellation habitée, tout un monde encombré de fées, d'elfes, de sirènes, de magiciens, de licornes, d'anges gardiens et d'animaux dotés de la parole ! Oui, les mêmes êtres fantastiques qui peuplent nos contes et nos légendes d'autrefois, les mêmes

Sauver Noël

personnages qui naguère vivaient en parfaite harmonie avec les hommes – ainsi que l'attestent nombre de manuscrits anciens dignes de foi tels que *La Légende du roi Arthur* ou les *Contes de ma mère l'Oye*. En ce siècle lointain, un homme ne pouvait franchir une forêt sans croiser des gnomes ou des sylphes, boire à une fontaine sans entendre la voix de l'esprit qui l'habitait... Mais il arriva en cette époque reculée (et je vous parle d'un temps que les moins de 974 ans ne peuvent pas connaître) que les hommes, tâchant de percer les mystères et les pouvoirs de leurs voisins magiques, atteignirent presque leur but et risquèrent de devenir comme des dieux; terrifiés par cette hypothèse, tous les êtres extraordinaires abandonnèrent du jour au lendemain notre planète. Anges et démons, hippogriffes et feux follets, dragons et petites fées des rivières s'exilèrent. Les bons esprits partirent dans la constellation du Petit Cheval, les esprits mauvais se cantonnèrent dans la constellation de l'Éridan. Inutile, depuis ce jour (que l'on appelle dans le monde féerique le Grand Départ), inutile d'espérer croiser un troll ou une nymphe sur votre route : ils n'y sont plus! L'homme vit depuis dans un monde privé de magie. On ne trouve plus trace d'elle que dans les contes pour enfants. Toute cette population de créatures subsiste désormais loin de nous, loin de notre planète, en ce recoin isolé du

Sauver Noël

ciel, aux confins de Pégase, du Verseau et du Dauphin.

Dans un des districts de ce monde, vous pourriez rencontrer une assemblée composée d'anges sympathiques, réunis autour d'une table blanche circulaire, sous la présidence d'une haute dame au front sérieux appelée la fée Dora. Bien que depuis près d'un millénaire presque aucun des membres ici présents n'ait jamais pu retourner sur la Terre (l'exil décrété était définitif et sans passe-droit aucun), ils continuent de s'intéresser à l'existence des hommes et à l'évolution de leurs différentes croyances.

Aujourd'hui, la réunion avait un petit air de révolte; l'atmosphère n'était pas celle des bons jours. La fée Dora, tout en conduisant la séance, sentait que tous attendaient d'elle une proclamation, un éclaircissement sur certaines rumeurs véhiculées à travers le Petit Cheval. Des on-dit qui inquiétaient ses occupants au dernier degré...

Mais la fée poursuivit sans dévier du sujet annoncé pour la session du jour : la préparation du prochain Noël.

« Le mois de décembre est imminent, il est l'heure de vérifier que tout soit paré et à temps. »

Tout le monde fit « Oui, oui, oui ! », dit des « Évidemment ! » et des « Occupons-nous-en ! », mais personne n'en pensait un mot. Noël était aussi loin de leurs pensées que possible. Les anges n'étaient préoccupés que des révélations terribles du matin.

Cependant, la fée Dora se leva au terme de la séance sans avoir évoqué le sujet. Elle se laissa saluer selon l'étiquette puis sortit de la pièce, abandonnant les membres de l'assemblée stupéfaits.

En partant, elle croisa le regard du Falou, maintenant son plus proche conseiller, qui lui disait : « Vous avez eu raison de ne pas leur en parler... »

Là-dessus, elle rejoignit son bureau.

Comme il a été déjà écrit par nous en son lieu, cette grande dame avait de beaux cheveux blonds et portait invariablement une longue robe noire aux reflets bleus et moirés comme la plume du corbeau.

Elle était seule à sa table de travail.

Enfin pas tout à fait.

« Bonjour, Esclarmonde », fit-elle soudain comme si quelqu'un se tenait à côté d'elle.

Un esprit venait d'entrer dans son bureau.

À la différence des anges et de tous les autres résidents de la constellation du Petit Cheval, les esprits ne possédaient aucune enveloppe corporelle. Aucune représentation. C'était chez eux un gage de pureté.

L'esprit invisible qui se présentait en ce moment auprès de la fée Dora était celui d'une vieille femme recluse qui, au Moyen Âge, à force

Sauver Noël

de privations et de longues prières, avait su purifier son âme et atteindre dès après sa mort cet état éthéré enviable.

« Bonjour, émit l'esprit. Tu m'as demandée ? »

La fée fit un oui du front, soucieuse, et se leva. Elle dit, sans préambule :

« Le baron Ahriman est de retour sur la Terre. Il a emporté toute une cour avec lui. L'heure est grave. »

L'esprit répondit :

« Des rumeurs circulent sur le sujet, en effet. Mais comment cela est-il possible ?

– Le plus simplement du monde. Nous, les bons anges exilés dans la constellation du Petit Cheval, ne devions jamais remettre les pieds dans le monde des hommes, depuis le Grand Départ, tout comme *eux*. »

Eux, c'étaient les diables et les démons réfugiés dans la constellation de l'Éridan.

« Cet arrêt vaut pour les peuples du Bien comme pour les peuples du Mal, poursuivit la fée. À moins, bien entendu, que l'un ou l'autre ne brise cette interdiction.

– Et c'est ce que vient de faire le baron Ahriman ?

– Non. Non, hélas !... »

La fée Dora secoua la tête.

« C'est nous qui avons eu cette audace les premiers. L'an passé, nous avons osé créer le nouveau personnage du père Noël. »

Le front de la fée Dora se plissa.

« Les démons l'ont su, et à présent ils sont de retour parmi les humains. Après presque un millénaire d'absence. Et ce, par notre faute ! Nous avons commis une incursion imprudente, ils ont désormais le droit d'en commettre une. Ils profitent de notre forfait... »

Il y eut un long silence.

« Pour quelle raison me dites-vous cela, ma bonne fée ?

– Parce que j'ai décidé, Esclarmonde, que ce serait toi qui retournerais sur terre pour surveiller le diable ! »

Nouveau silence pesant dans la pièce.

« Vous voulez que je redescende ? demanda timidement l'esprit.

– Oui. Je souhaite que tu deviennes mes yeux et mes oreilles. Tiens-moi au courant de tous ses faits et gestes. Ensuite, après réflexion, nous réfléchirons aux moyens de battre le baron.

– Seulement...

– Ce n'est pas une demande, Esclarmonde, mais un ordre !

– Soit.

– À présent, écoute-moi : voilà comment tu vas t'y prendre... »

Et quelques heures plus tard, l'esprit d'Esclarmonde replongeait vers notre planète. Elle atterrit en Angleterre, à Londres, dans un quartier tout proche de Collins Square...

Sauver Noël

*

Il y faisait nuit. La neige menaçait de tomber sous peu. Les rues étaient désertes, comme cela est l'habitude dans les quartiers sélects : pas de tavernes, pas de vagabonds, pas d'hôtels tapageurs.

Néanmoins, une silhouette se dessina dans les parages. Elle courait à petits pas, fuyant l'éclat des réverbères.

Une jeune femme. Ou une grande fille, comme vous l'entendrez. Disons l'âge de Juliette. Elle était belle, belle à faire s'étrangler les mégères, trébucher les vieillards et danser Cupidon sur un pied !

Elle lançait partout des regards et avança sans faiblir jusqu'aux quais qui longeaient la Tamise. Là, elle poursuivit sa course jusqu'au milieu d'un pont.

Arrivée à ce point, elle grimpa sur la balustrade et s'avança jusqu'à la limite, immobile, en équilibre, à contempler les flots glacés qui ronflaient sous ses pieds.

Un brin de vent aurait suffi pour qu'elle chutât comme une pierre.

Le visage de cette infortunée était rougi et boursouflé par les larmes qui roulaient sur son nez avant d'aller gonfler les remous de la Tamise. Elle reniflait, essoufflée, pâle, murmurant des phrases inaudibles.

Sauver Noël

Au moment de commettre le pas de trop, à l'instant même où la mort avait été résolue dans ce crâne plein de tristesse, la jeune fille ressentit comme une décharge électrique au travers du corps, une chaleur inattendue lui étreignit le cœur et soudain, alors qu'un sourire se dessinait déjà sur ses lèvres, elle eut une peur panique de sa situation et recula vivement.

Elle se retrouva derrière la balustrade, bouleversée à l'idée d'avoir joué sa vie. Son désespoir s'évanouit comme par enchantement. Elle essuya ses larmes, respira profondément et se convainquit que l'existence valait en définitive l'effort pénible d'être vécue, même dans d'atroces conditions.

On appelle communément cet état : une « prise de conscience. » Eh bien, c'était exactement de cela qu'il s'agissait ! De retour sur terre, Esclarmonde venait de « prendre » la conscience de cette jeune fille.

Cette dernière, toute transformée, retourna prestement chez elle.

C'est-à-dire au 2, Collins Square où elle logeait dans les combles réservés aux domestiques. Elle y travaillait comme femme de chambre auprès de lady Lipka.

Dans sa mansarde exiguë, la fille ouvrit une fenêtre en œil-de-bœuf. De là, elle possédait une vue imprenable sur le 6 *bis* du baron Ahriman.

À cette heure de la nuit, tous les volets de la maison étaient clos ; pourtant, il ne faisait aucun

Sauver Noël

doute que l'éclairage au gaz illuminait chaque pièce des trois niveaux. Personne ne dormait au 6 *bis*, Collins Square !

La jeune fille trouva cela suspect.

Elle grimpa finalement sur son lit, oublieuse de ce qu'elle venait de risquer, et se dit qu'elle devrait plutôt surveiller ce nouvel et étrange baron...

Elle s'appelait Claire.

Chapitre 6

Où le père Noël revient pour le plus grand plaisir des petits

Le 1er décembre 1854 arriva. Cette date ne vous dit peut-être rien, mais un an auparavant, le même jour, un phénomène sans précédent s'était produit : une pluie de papiers, une ondée de lettres tombées miraculeusement du ciel au cours de la nuit et destinées aux seuls enfants.

Un nouveau personnage magique s'y présentait sous le nom du père Noël et il invitait garçons et filles à répondre à cette proposition : *Couchez par écrit vos bonnes et vos mauvaises actions de l'année et désignez un jouet comme récompense.* S'ils inscrivaient honnêtement le compte de leurs bonnes et de leurs mauvaises actions, s'ils se révélaient avoir été majoritairement sages, ils recevraient de sa part le cadeau espéré.

Le 6 décembre qui suivit, fête de la Saint-Nicolas, le père Noël récupéra toutes les réponses,

Sauver Noël

et, le 25 du même mois, à la première seconde de la première minute de la première heure, les cadeaux furent livrés. Ce fut le premier Noël tel qu'il existe encore de nos jours !

L'effet de Noël avait touché tous les petits, sans distinction : les orphelins, les malheureux accablés dans les usines du Lancashire, comme les enfants des villes assez bénis pour avoir une famille qui les préserve du besoin. Qu'importait le rang social, à la seule évocation de Noël, leurs yeux pétillaient de joie et un sourire se posait sur leurs petits visages ronds.

Dès les premiers jours de novembre de cette année, Zoé Pickwick avait commencé à penser à sa lettre au père Noël et à dresser le compte de ses bonnes actions. Pour cela, elle se réunissait avec les enfants Balmour, Katherine, Emily et Robert, eux aussi très excités.

Entre eux, il n'y avait plus de mensonges ni de faux-semblants, les enfants étudiaient froidement, avec un sens aigu de la morale, leurs comportements les uns vis-à-vis des autres. Il n'était plus temps de se bercer de paroles ou d'essayer de maquiller un point en particulier. Car une chose avait été claire l'an dernier : les mystificateurs et les mauvais sujets furent démasqués par le père Noël, et ils n'avaient rien reçu au 25 décembre, sinon un mot les enjoignant à mieux se comporter à l'avenir. Pas de cadeau pour eux !

Sauver Noël

Cette punition avait eu son effet. Jamais, en cette année 1854, les enfants du monde ne s'étaient montrés aussi gentils et n'avaient autant craint le châtiment pour qui se tiendrait mal.

Au 1er décembre, la distribution tant espérée du mot du père Noël se renouvela de la même manière que l'année passée !

Ceux qui doutaient de l'existence du père Noël furent rassurés, ceux qui avaient gardé la foi furent comblés.

Cependant, cette année, une phrase était ajoutée au texte : le père Noël recommandait aux familles qui comptaient sur sa venue de décorer un sapin le plus lumineusement possible et de le laisser scintiller de tous ses feux au cours de la nuit de Noël, afin que, du haut du ciel, il ne puisse pas manquer la moindre habitation.

À l'instant même, les « sapins de Noël » furent sur toutes les lèvres.

Comme l'année précédente, les adultes émirent des doutes quant au phénomène. Cette fois (après les manufacturiers de jouets l'an dernier), la presse britannique incrimina les producteurs d'arbres résineux comme étant les instigateurs de cette farce commerciale. Dans les colonnes des très sérieux *Standard* et *The Times*, l'on réprouvait cette façon sauvage de faire monter sa notoriété et d'inciter les Anglais à la consommation des sapins.

Mais les enfants ignoraient ces controverses. Vrai sapin des Vosges pour les riches, épineux

Sauver Noël

découpé dans du papier carton pour les plus modestes, il ne fut plus question que de guirlandes et de bougies fichées sur des pommes.

Du jour au lendemain, le sapin de Noël trouva sa place auprès de la crèche du petit Jésus et des souliers de saint Nicolas !

Comme toutes les mamans du monde, Gloria Pickwick se réjouissait du retour du père Noël. Seuls les papas faisaient encore les difficiles ; ils avaient du mal à admettre qu'un vieillard bedonnant juché derrière des rennes volants puisse répondre sans faillir à une grande partie de la population mondiale et distribuer autant de présents au même moment et partout à la fois. Il devait y avoir « farce et tromperie » quelque part. Bien orchestrées, soit, mais farce et tromperie tout de même.

Le 6 décembre 1854, le père Noël perçut les réponses des enfants comme l'année précédente, en faisant disparaître toutes les lettres !

À Collins Square, les conversations sur le père Noël éclipsèrent celles sur le mystérieux baron Ahriman. C'était que, sur ce front-là, rien n'avait changé depuis un mois : les volets restaient constamment fermés, personne ne se montrait hors de la résidence, il n'y avait jamais aucun bruit, pas un effort n'avait été accompli pour rendre un peu de lustre à la façade de la vieille demeure. Un étranger de passage n'aurait pu se figurer que ces lieux étaient habités !

Sauver Noël

Y avait-il des enfants au 6 *bis*, qui attendaient eux aussi le père Noël ?

Le soir du 24 décembre, Zoé Pickwick, aussi bien que Katherine, Emily et Robert Balmour, ne tenaient plus en place. La plupart des enfants du monde se promettaient de ne pas fermer l'œil de la nuit afin de tenter de surprendre le père Noël au cours de sa ronde.

La nuit tombée, comme promis, ils luttèrent. Mais les uns après les autres finirent par succomber et s'endormirent : certains l'oreille collée contre la porte de leur chambre, d'autres accoudés au rebord de leur fenêtre, d'autres encore assis sur la plus haute marche de l'escalier qui descendait vers le salon. Les parents les soulevaient pour les remettre dans leurs lits. En dépit des protestations de certains papas, les mamans avaient insisté pour tenir leur parole et laisser brûler les lumières des décorations du sapin tout le reste de la nuit pour « aider le père Noël. »

Voilà comment s'acheva la journée du 24 décembre 1854. A priori, une journée d'hiver comme toutes les autres.

Mais a priori seulement.

Chapitre 7

Où Gloria revient sur sa position

Pour des raisons différentes, Gloria et Zoé passèrent une nuit exécrable.

La fillette s'en voulait de s'être endormie avant les douze coups de minuit ; elle s'était éveillée en sursaut vers deux heures puis vers quatre heures du matin, mais elle n'avait pas osé quitter sa chambre pour aller visiter le salon des Balmour où devait se tenir sa récompense. Dans l'attente du petit matin, elle se trémoussait et tournait et se retournait dans son lit.

La mère, de son côté, ne trouva pas le sommeil par la faute d'un tapage impossible qui provenait de la rue. Une kermesse ou un carnaval ayant subitement décidé d'envahir le petit espace de Collins Square n'aurait pas causé autant de dommages à ses oreilles. Elle mit un certain temps avant de jeter rageusement son bonnet de nuit par terre et de se lever pour aller voir de quoi il s'agissait.

Sauver Noël

À sa grande stupéfaction, le remue-ménage provenait de la maison du baron Ahriman !

Les volets étaient ouverts, les fenêtres béantes malgré le froid, et tous les chandeliers et les lanternes au gaz brûlaient insolemment. Gloria se couvrit d'une pèlerine sur sa chemise de nuit empesée, d'un cache-col, d'un bonnet rouge, et sortit jeter un coup d'œil plus appuyé.

À chaque étage, l'on apercevait des dizaines de personnages en train de faire la fête. De la musique résonnait, en même temps que des éclats de voix, des rires, des verres qui tintaient, et des applaudissements. Cette résidence, aussi calme et figée qu'un mausolée antique depuis des semaines, était soudain le théâtre d'une véritable bacchanale !

« On aura tout vu », se dit Gloria.

D'autres domestiques sur la place contemplaient avec elle, ébahis, l'explosion de félicité du 6 *bis*.

Jusqu'au petit matin s'entendirent encore des chants qui jaillissaient de la maison.

C'est à ce moment que Zoé se leva de son lit. Elle tomba dans le couloir sur sa mère, en robe de chambre, le cheveu ébouriffé, l'œil battu avec de gros cernes noirs.

« J'ai mal dormi, dit la fille.

– Et moi donc, répondit la mère. Tu as entendu ce vacarme ?

– Un peu. Savez-vous si le père Noël est passé, maman ? »

Sauver Noël

Cette dernière question occupait davantage l'esprit de l'enfant que l'étrange comportement des voisins.

« Le père Noël ? Ma foi, tu as raison, je n'y pensais plus. Allons voir ce qu'il t'a apporté, ma mignonne ! »

Zoé bondit de joie et frappa des mains en tournant sur elle-même. Toutes deux se dirigèrent vers le salon. Les lumières du sapin brillaient toujours. Il faisait encore nuit, le soleil se levait à peine, si bien que cette pièce que Zoé connaissait sur le bout des doigts, elle ne la reconnaissait plus ; les murs et le mobilier étaient baignés dans des tons bleus et dorés, parsemés d'ombres. Il y régnait un silence inquiétant. En avançant vers la cheminée et le sapin, Zoé avait l'impression que tous les meubles la regardaient, ainsi que les tableaux, les tapis et les trophées de chasse du lord. Elle serrait fort la main de sa mère.

Au moment d'approcher de l'arbre, elle pressa tant les doigts de Gloria que celle-ci fit un « outch ! » de douleur.

Ce « outch » fut suivi d'un « oh ! » dans la bouche de Zoé.

Il n'y avait pas de cadeau au pied du sapin. La fillette n'osa plus avancer. Elle regarda partout, un peu affolée. Elle pâlit et des larmes filèrent à toute vitesse sur ses joues. Gloria fronça les sourcils puis se mit en devoir de fouiller toute la pièce pour voir si le diable de bonhomme ne se serait pas trompé d'endroit pour déposer ses colis.

Sauver Noël

Mais non, en vérité.
Rien.
« Que se passe-t-il, Gloria ? »
Cette phrase venait de la porte.
C'étaient les trois enfants Balmour qui descendaient eux aussi pour découvrir leurs surprises.
Il n'y avait rien non plus de la part du père Noël à leur intention.
« Je le craignais, maman chérie, gémit enfin Zoé, je dois être en fait une vilaine graine sans le savoir. C'est ça ! Et je reçois maintenant ce que je mérite. Rien !
– Non, ma petite, voyons, il doit y avoir une erreur... »
Mais, bouleversée, Zoé partit se cacher dans sa chambre. Gloria resta consternée. Katherine, Emily et Robert Balmour succombèrent eux aussi aux gémissements et aux larmes.
Et ces voisins qui continuaient de pétarader avec insolence !
Gloria ressortit dans la rue avec la ferme intention de leur faire entendre de quel bois elle se chauffait.
Mais, en dépit de l'aube naissante, elle n'était pas seule sur les trottoirs de Collins Square.
« Vous aussi ?
– Comment cela ? Vous non plus ?
– Mes enfants, rien !
– Ma fille, des clous, je vous dis !
– Des anges, pourtant... On ne saurait être plus sages...

Sauver Noël

– Alors, que s'est-il passé ? »
Et ainsi de suite. Les domestiques faisaient des signes affolés et se couraient les uns après les autres pour partager leur abattement.
Le père Noël n'était passé chez personne cette nuit-là.
Bientôt, une nouvelle venue des plus lointains quartiers de Londres affirma que pas un seul enfant du pays n'avait été récompensé. Peut-être même, pas un seul enfant de la Terre entière !
Et le mot fut lâché, brutal, révoltant, impensable : le père Noël était mort. Assassiné ?
Alors qu'elle entendait pour la première fois cette terrible rumeur, Gloria fut certaine d'avoir perçu, en même temps, le bruit d'un bouchon de champagne qui s'envolait dans la maison du baron Ahriman.
Une voix derrière elle dit :
« Ils sont joyeux au 6 *bis*. Peut-être sont-ils les seuls à avoir reçu des cadeaux du père Noël ? »
Cette idée révolta la gouvernante des Balmour. Ce baron sinistre et sa clique auraient été récompensés et pas sa douce et gentille Zoé ?
« Crénom de crénom ! »
C'était la goutte de fiel de trop.
Elle résolut d'en savoir plus, par elle-même. Et vite !

Chapitre 8

Où il est indubitablement démontré que le jour où Dieu résolut de créer la femme, il eut d'abord une excellente idée et, ensuite, confirma qu'il avait beaucoup de goût (mais, au vrai, on n'en attendait pas moins de Lui)

Le même jour, à midi, avec un luxe de précautions que personne ne lui connaissait lorsqu'elle marchait dans la rue, Gloria alla gratter à la porte de service du 2, Collins Square.

Le majordome Garrett, au service de sir et de lady Lipka depuis quinze ans, ouvrit et, de stupéfaction, fit se rejoindre ses sourcils qu'il avait fournis comme des blaireaux à savon.

« Madame Gloria ? Que nous vaut cette... »

Mais Gloria avait dressé un doigt sur ses lèvres pour lui imposer le silence et murmura d'une voix pleine de mystère :

« Garrett, faites comme si je n'étais pas là. Vous ne m'avez pas vue. Nous ne nous

Sauver Noël

sommes pas parlé. Vous ne m'avez pas laissée entrer. »

Là-dessus, elle pénétra dans la maison, en le chassant du coude. Sans se retourner, elle poursuivit à travers les communs et emprunta l'escalier de service qui conduisait aux chambres des domestiques, sous les toits. En bout de couloir, elle gratta de nouveau à une porte, mais voyant qu'on ne lui répondait pas aussitôt, elle assena un coup de poing qui fit trembler le chambranle.

« Voilà, voilà ! » dit très vite une petite voix.

Une jeune fille ouvrit. C'était Claire, la camériste de lady Lipka. Elle écarquilla les yeux en apercevant Gloria.

« Eh bien, tu dormais ? lui reprocha cette dernière.

– Oh non ! madame Gloria. Je terminais de la couture pour ma maîtresse. Au reste, j'ai eu peur que ce soit elle qui s'impatiente.

– Peur ? »

Gloria poussa la jeune fille, entra et ferma la porte dans son dos.

« Et pourquoi peur, ma petite ? Lady Lipka ne te traite pas comme il convient ?

– Si fait, madame.

– C'est bien sûr ? Ne me cache rien, Claire, j'ai en horreur qu'on me mente. »

Elle baissa un peu la voix et ajouta :

« Pour ma part, j'affectionne peu cette lady. Elle parle trop fort, prodigue des conseils sans réfléchir, raconte l'inverse de ce qu'elle fait, et fait le contraire de ce qu'elle promet. C'est une cruche. Lady, mais cruche. C'est assez fréquent à Londres, de nos jours. »

Claire sourit.

La gouvernante du 6 observa autour d'elle. La chambre de Claire était une mansarde. Une litière couverte d'un sac rempli de paille de son, une table en bois transformée en écritoire, un tabouret sur lequel reposait une chandelle quasiment vidée de sa cire et une penderie sans porte constituaient tout le mobilier dont la jeune fille était pourvue. Le placard trahissait son extrême dénuement : il ne s'y voyait qu'une paire de chaussures d'hiver, un manteau à capuche rapiécé et une toilette sombre pour assister à la messe du dimanche. Pas un fil de plus à se mettre sur le dos.

Sur le lit reposait le chemisier en dentelle de lady Lipka que reprisait Claire au moment du surgissement de Gloria.

« Maintenant, ajouta Gloria, me laisseras-tu jeter un œil par ta lucarne, s'il te plaît ? »

Claire recula d'un pas pour lui laisser le passage. La femme s'avança.

Gloria fit à Claire les mêmes recommandations qu'au majordome Garrett :

« Fais comme si je n'étais pas là. Tu ne m'as pas vue. Nous ne nous sommes pas parlé. Tu ne m'as pas laissée entrer. »

Sauver Noël

Un oui hésitant du front de la jeune servante lui servit de réponse.

Gloria ouvrit la fenêtre. De la poche de sa robe noire (elle avait juré à la mort de son mari de toujours porter son deuil), elle sortit une longue-vue. Une longue-vue de pirate. C'était le cadeau de Noël qu'avait reçu l'an dernier Robert, le fils des Balmour.

« C'est bien ce que je pensais ! » s'exclama-t-elle après avoir passé sa tête dans l'ouverture. La position élevée offrait une parfaite vue plongeante de l'autre côté de la place sur la demeure du baron Ahriman. Gloria déploya sa longue-vue et commença d'inspecter la façade et les fenêtres du 6 *bis*, en se tenant un peu en retrait afin de ne pas être aperçue par les passants.

« Ces zigotos, qui ont célébré Dieu sait quoi toute la nuit, dit-elle, ont laissé pour l'instant leurs volets et leurs rideaux ouverts. Ils étaient sans doute trop " pris de boisson " pour penser à les refermer ce matin. C'est la première fois depuis leur arrivée, je crois. Je veux en profiter pour découvrir un peu à qui nous avons affaire et dans quelles conditions ils vivent. Ces voisins ne m'inspirent rien de bien. »

La façade du 6 *bis* était parfaitement identique à celle du 6. Nous l'avons dit, les maisons avaient été construites ensemble par le même architecte et appartenaient autrefois à une seule famille.

Au travers des diverses fenêtres, Gloria discerna distinctement les cadavres de bouteilles de

champagne, les confettis qui tapissaient le sol, les buffets de victuailles dévastés. Tout un désordre de fin de banquet.
« C'est une débauche indigne de Collins Square, gronda-t-elle. Enfin, avec un peu de temps, je devrais au moins savoir combien ils sont à s'entasser là-dedans. »
Pourtant, dans l'orbite de la longue-vue, les pièces paraissaient désertes ; il régnait un calme singulier dans toute la maison.
« Pardon, mais vous perdez votre temps, madame Gloria. »
Surprise par le propos de Claire, la femme se retourna. Elle trouva la jeune fille en train de se relever de sous son lit où elle avait pêché une boîte en carton. Elle ouvrit cette dernière et en tira un épais cahier.
« Tout est noté là-dedans, dit-elle. Je surveille jour après jour, nuit après nuit, tous les mouvements, toutes les particularités de la résidence du baron. Il n'est pas un fait qui n'ait été consigné dans mon rapport. »
Ce fut au tour de Gloria de se montrer interloquée.
« Vraiment ? Quelle mouche t'a piquée pour que tu te lances dans une pareille entreprise ?
– En fait, je l'ignore. Une intuition, sans doute. Un soir, j'ai brusquement senti l'urgence de surveiller à tout prix le baron et ses invités, et cette urgence ne m'a jamais quittée. Je veille sur le 6 *bis* !... »

Sauver Noël

Gloria hocha la tête pour dire, sans les mots, qu'elle comprenait de quelle intuition la jeune fille voulait parler. Elle reprit :
« Montre-nous ce que tu as là, ma petite. »
Le dossier constitué par Claire était aussi exhaustif qu'elle le prétendait. Rien n'y manquait. Pour Gloria, le tableau de la vie des voisins des Balmour en fut soudain fortement altéré.
« Tout ne se résume pas à ce qu'on raconte, expliqua Claire. Les mouvements de personnes ne sont peut-être pas apparents à proximité de la résidence, mais ils s'accomplissent néanmoins. Il suffit seulement de les surprendre au bon moment. »
Et Gloria de découvrir que le 6 *bis* n'avait rien d'une forteresse riche de personnages qui refusaient de sortir. Le plus souvent tard dans la nuit, certains de ses habitants quittaient les lieux subrepticement. Ils s'échappaient par les toits ou par la porte dérobée des domestiques, ayant vérifié au préalable que Collins Square était désert. Tous se cachaient sous d'amples manteaux noirs. En longeant les zones d'ombre au pied des façades, ils s'évanouissaient dans Londres comme des spectres.
« Es-tu certaine qu'ils ne t'ont pas vue les surveiller ? demanda Gloria à Claire.
– Oui, madame. J'y ai pris grand soin.
– Combien sont-ils en ce moment, d'après toi ?
– Aujourd'hui, je dirais qu'il se tient vingt et un habitants dans la résidence. »

Gloria hocha la tête. Cela faisait beaucoup de monde.

Le rapport circonstancié de la jeune fille mentionnait les apparitions de la grande voiture à six chevaux, celle qui – selon les dires de Ned – se dématérialisait comme une vapeur d'eau sitôt entrée sous le tunnel de Heathson.

Claire expliqua :

« J'ai fini par remarquer qu'à chaque venue de l'attelage, deux ou trois heures auparavant, une épaisse fumée noire se dégage de la cheminée principale du baron. Pour un temps assez court.

– C'est peut-être une coïncidence, estima Gloria. Ces gens ont le droit de se chauffer. À voir plusieurs bizarreries se suivre d'affilée, on finit par vouloir en dénicher partout.

– Oui, sauf que dans le cas présent, il y a vraiment *bizarrerie*, madame Gloria. »

La femme fronça les sourcils. Cette pilosité rousse qu'elle avait convenait parfaitement à son caractère ; elle semblait toujours prête à s'enflammer !

« Je t'écoute.

– La fumée noire s'échappe toujours en direction du nord. Quel que soit le sens du vent. Je vous jure, madame Gloria, que je périsse à l'instant si je n'ai pas suivi des yeux cette émanation s'envoler avec entêtement contre les courants. Un prodige ! Peu après, le carrosse fait invariablement son entrée sur Collins Square. »

Sauver Noël

Gloria se gratta le front, d'un air préoccupé.
« Continue, dit-elle.
— Ils vivent la nuit. Le gaz brûle tout le temps. Êtes-vous familière de ces histoires de vampires, madame Gloria ? Ces êtres qui ne reviennent à la vie qu'au soir tombé et rentrent dans leurs cercueils sitôt les premiers rayons de l'aube ? »
Gloria haussa les épaules.
« Le manque de sommeil te travaille, ma petite ! Les vampires sont à reléguer, avec les fées, les anges et autres créatures prodigieuses, au rang des fadaises d'une autre époque. Cela n'existe pas plus qu'un porridge à la couenne de lard. Je te prie de laisser tes suceurs de sang là où ils se trouvent, c'est-à-dire dans les livres de contes à dormir debout. D'autre part, ils sont connus pour se nourrir en mordant les vivants ; ce n'est pas très discret comme formule d'alimentation. As-tu entendu parler de la moindre plainte de ce genre dans le quartier ? Nos voisins se sont-ils fait croquer comme des poulets ? Connais-tu quelqu'un qui se promène avec deux empreintes de dents plantées dans le cou ? Non ? Eh bien, pas de vampire à Collins Square, donc. Quoi d'autre ? »
Claire fit un mouvement de tête qui se voulait rassuré.
« Il y a deux dates qui ont marqué dans la maison du baron une effervescence inhabituelle : le 1er décembre et le 6 décembre.

Sauver Noël

— Allons donc !
— Oui, madame. Le premier jour était celui de l'envoi par les airs de la carte du père Noël pour les enfants, le second, celui où il récolta les réponses. »
Gloria resta un moment silencieuse.
« Et depuis le 6 décembre ? fit-elle. Plus d'agitation ?
— Si. Il y a deux jours.
— Que s'est-il passé ?
— Le carrosse est arrivé de nuit, au pas, très discrètement, devant le 6 *6 bis* et le baron en personne est sorti sur son perron pour accueillir ses invités !
— Quels étaient ces invités ?
— Deux grands hommes qui transportaient une malle. Le baron semblait ravi de les voir entrer chez lui. Ensuite, le silence total. Même la nuit. Plus de lumière. Jusqu'à hier... La grande fête insensée... et la disparition du père Noël ce matin. »
Gloria ne répondit pas. Elle songeait.
« Vous pensez que ce que l'on dit est vrai ? demanda Claire. Que le père Noël aurait été...
— Non, coupa Gloria avant que Claire puisse dire *assassiné*. Je ne pense rien sur le sujet. Si j'y pensais, je tricoterais des théories comme tout le monde ; car je n'ai rien de concret entre les mains. Mais cela va changer ! »
Elle retourna à la fenêtre.

Sauver Noël

« Que comptez-vous faire, madame ? Prévenir la police peut-être ? Ou lord Balmour ? Il a beaucoup de crédit au Parlement, il peut sans doute faire diligenter une enquête et arrêter le baron ?
– Lord Balmour ? Et puis quoi encore ? Tu ne veux pas que j'aille tirer la sonnette de Buckingham et alerter la reine ? Tempère-toi. Gloria Pickwick va se charger du baron Ahriman. Cela vaut tous les Scotland Yard. Et s'il a quoi que ce soit à voir avec la disparition du père Noël, s'il est un tant soit peu responsable des larmes que verse ce matin ma petite Zoé, il va m'entendre, le baron ! »

Claire offrait un visage radieux ; si Hercule en personne était apparu pour lui dire qu'il prenait en main ce treizième travail, elle ne se serait pas montrée plus soulagée.

« Vous allez lui parler ?
– Non. Je vais déjà secrètement entrer dans sa maison, fureter un peu. Pas de mouvement aujourd'hui ?
– Rien depuis le lever du jour. Comme d'habitude.
– Bien. Alors je pourrai peut-être trouver...
– Trouver quoi ?
– La malle ! »

Chapitre 9

*Où Gloria découvre le secret
du baron Ahriman*

Gloria retourna chez les Balmour.
Dans le salon, les enfants se tenaient accroupis en compagnie de Zoé près de la cheminée à déplorer en chœur le faux bond du père Noël. Le jeune Robert avait même adjuré que l'on défasse sur-le-champ les décorations du sapin. Mais sa mère avait refusé. Zoé, Katherine et Emily, de leur côté, avaient pris le parti d'écrire conjointement une nouvelle lettre à l'attention de l'absent, afin de s'enquérir de sa santé et lui souhaiter un prompt rétablissement. Tous avaient entendu la rumeur qui voulait que le père Noël n'ait visité aucune maison dans le pays.
Lord Balmour lisait la presse. Les quotidiens anglais faisaient leurs choux gras de l'événement. La majorité des articles se félicitaient de la fin de cette farce. Personne n'avait su expliquer ce qui s'était passé l'année précédente, mais l'échec du

jour rassurait les bien-pensants et les esprits rationnels qui hantaient les salles de rédaction de l'époque.

« Vous voyez, dit Davy Balmour à sa femme, c'était bien des fadaises. Ça a pris une fois, mais pas deux ! Je vous l'avais bien dit. »

Meredith Balmour lui lança un regard noir et lui fit signe de parler plus bas.

« Voulez-vous vous taire ? murmura-t-elle. Qu'avez-vous besoin de toujours briser les rêves des enfants ? C'est bien une attitude d'homme, tenez. Je ne vous félicite pas. Vous devriez vous attrister de ce qui arrive à vos enfants, plutôt que de bomber le torse en faisant mine d'avoir eu raison. Si le père Noël n'est plus, c'est une mauvaise nouvelle pour vos filles et votre fils, et donc pour vous aussi, tout lord Balmour que vous êtes ! »

Lady Balmour ne réprimandait son mari qu'en de très très rares occasions, aussi celui-ci, devant l'implacable assaut, baissa la tête, tout penaud.

« Intéressez-vous plutôt à vos pages de la Bourse ! dit la femme.

– Oh ! pour cela, pas de surprise, le père Noël peut bien être rentré avec son traîneau dans le clocher de Westminster, mes actions et mes bons du Trésor sont trop sains et stables pour en sentir la moindre variation. »

Enfin, il alla tout de même jeter un œil à la rubrique économique de ses journaux. Il soupira d'aise. Rien n'avait varié sur ce front.

Sauver Noël

« Bien, se dit Gloria en les voyant, ils sont occupés. »

Aussitôt, elle disparut et grimpa jusqu'au grenier. Toutes les issues qui menaient autrefois du 6 au 6 *bis* avaient été murées avant l'arrivée des Balmour d'un côté et des Chubblewig de l'autre. Mais les emplacements des passages se laissaient encore deviner aux étages inférieurs. Pour ce qui était du grenier, un mur de grosses briques avait été dressé sur toute la longueur et traversait ce qui devait être auparavant un très vaste espace. Gloria savait qu'elle ne pouvait trouver le moindre passage par ici. Aussi se tourna-t-elle vers la seule fenêtre de l'endroit. Elle ouvrit la fenêtre et passa au travers. Il existait en bas de l'inclinaison des toits une coursive très étroite qui longeait les gouttières. La femme y posa un pied sûr. Elle n'avait pas plus la crainte du vertige qu'elle n'avait peur du noir ni des histoires de vampire ou de loup-garou. Au vrai, Gloria Pickwick ne redoutait jamais rien ni personne. Avec le fait d'être toujours pressée, c'était le deuxième trait distinctif de son caractère.

De l'autre côté de Collins Square, Gloria avait directement vue sur la jeune Claire qui se tenait à la fenêtre de sa chambre. La chambrière retint son souffle en voyant la petite bonne femme se suspendre de la sorte à des mètres du sol. Avec ses cheveux roux et sa mise de veuve, on aurait cru une bougie allumée dans un pot d'encre !

Sauver Noël

Entre elles, tout avait été prévu : Claire possédait deux mouchoirs, un blanc et un rouge ; si elle montrait le premier, la voie était libre pour Gloria, si elle agitait le second, l'intruse devait immédiatement faire demi-tour.

Sur la corniche, il avait neigé et il gelait ; cette coursive pouvait très facilement se révéler mortelle.

Mais Gloria avança de son pas ordinaire. Seulement trois barreaux verticaux avaient été maçonnés pour marquer la frontière du 6 et du 6 *bis*. Comme elle s'en doutait, la rouille ayant fait son œuvre, de simples coups suffirent pour tordre les barreaux puis les déboîter.

Gloria fit son premier pas sur le territoire du 6 *bis*.

Elle regarda par la fenêtre de l'autre grenier. Il était vide. Le tout était d'y pénétrer. Elle avait pensé briser un carreau, puis elle s'était souvenue de certaines astuces de feu son mari Newman, ramoneur et maître ramoneur de son état. Avec une épingle à nourrice et un fil de fer, elle crocheta la fenêtre.

Avant d'entrer, Gloria regarda Claire. Celle-ci, statufiée de stupéfaction, reprit ses esprits et déploya la longue-vue que lui avait laissée la gouvernante des Balmour. Elle passa méticuleusement en revue toutes les fenêtres ouvertes des étages supérieurs et agita son mouchoir blanc.

Sauver Noël

Il régnait dans le grenier une odeur particulière, pas tant de renfermé... que de *mort*. Les relents d'une chair froide, d'un gibier abandonné ou d'une viande depuis longtemps racornie. Une couche immaculée de poussière couvrait le sol.

« Au moins ne viennent-ils jamais par ici », se dit Gloria en pensant au baron et à ses invités, et à l'absence de marques de pas.

Tout était comme chez les Balmour mais en ordre inversé. La porte de sortie du grenier, le petit escalier casse-pattes, l'arrivée dans le couloir des chambres de service semblaient identiques mais vus au travers d'un miroir...

Là encore, pas un bruit, pas un meuble, pas une trace de semelle sur le tapis de poussière. Gloria passa devant l'équivalent de sa chambre et de celle de sa fille. Les portes étaient ouvertes. Les pièces désertées.

La gouvernante avait l'impression de visiter la maison de ses maîtres, mais projetée en avant dans le temps, des décennies plus tard, les lieux vidés de tout ce qui constituait leur vie, leur histoire, leur époque. Elle se sentait comme un fantôme qui retourne sur les ruines de son existence, longtemps après l'avoir quittée. C'était insolite et désagréable. Chose rare, Gloria commença à frissonner.

Un œil-de-bœuf se trouvait à l'extrémité du couloir, elle l'ouvrit et se montra à Claire. Celle-ci lui signifia avec le mouchoir qu'elle pouvait poursuivre sa visite.

Sauver Noël

Il s'agissait à présent de pénétrer dans les véritables appartements du baron. Gloria soupira et posa la main sur la poignée de porte du niveau où, chez les Balmour, se situaient les chambres du lord et de sa femme, et le bureau du maître de maison. Les gonds grincèrent atrocement, et des lambeaux de toiles d'araignées se rompirent dans l'embrasure. Cet accès était inemployé depuis des lustres.

Notre amie passa la tête, avec précaution.

Rien. Personne.

Comment pouvait-on vivre dans autant d'espaces vides, et si pesamment chargés de poussière ? Les appartements n'avaient rien à envier au grenier. Pas un meuble, pas un ornement n'était venu agrémenter l'habitation désertée autrefois par les Chubblewig. Et pourtant, Ahriman et sa troupe l'avaient manifestement investie depuis avant l'été !

Le premier véritable cri de stupéfaction de Gloria lui fut arraché lorsqu'elle pénétra dans le grand salon. Non seulement il était aussi désolé que le reste de la résidence, mais de surcroît il n'existait plus une seule trace du banquet et du tapage de la nuit précédente ! Les tables, les bouteilles renversées, les buffets défaits... tout avait disparu !

Pourtant, Gloria les avait bien distingués à l'aide de sa longue-vue depuis la chambre de Claire !

Sauver Noël

Un sentiment préoccupé étreignit la gouvernante : « Ils sont partis ! D'une manière ou d'une autre, Ahriman et les siens ont vidé les lieux... Peut-être ne les reverrons-nous pas ?... »

Gloria se déplaça dans toutes les pièces. De la cave au grenier, elle ne releva pas un seul indice de vie ni du passage d'un être humain. Au sol, elle ne lisait jamais que la trace de ses propres pas imprégnée dans la poussière.

« C'est impossible ! J'ai pourtant... »

Mais elle ne put achever sa phrase tant elle était déboussolée par ce qu'elle découvrait.

Elle remonta vers le grenier. À chaque niveau, elle n'hésita plus à pousser un « Y'a quelqu'un ? » tonitruant, qui resta, tout du long, sans réponse.

Ou presque.

Tic, tic, tic.

Tac, tac, tac.

Toc, toc, toc.

Gloria se figea. C'étaient les premiers sons qu'elle entendait depuis son arrivée. De l'autre côté de Collins Square, Claire n'avait pas manqué le sursaut et l'étrange immobilité qui était maintenant celle de Gloria.

Tic, tic, tic.

Les bruits entêtants semblaient provenir à la fois de nulle part et de derrière tous les murs. Gloria pivota sur elle-même de nombreuses fois, tendant formidablement l'oreille.

Tac, tac, tac.

Sauver Noël

Son ouïe la conduisit, pas à pas, jusqu'à la bibliothèque.

La vaste salle était dépourvue du moindre meuble, les rayonnages de volumes étaient vides. Aucune porte autre que celle par laquelle Gloria était entrée. Malgré cela, les petits heurts réguliers étaient ici plus nets que jamais. La gouvernante se posta devant une partie de la bibliothèque qui faisait face à la fenêtre. Les coups venaient de derrière, c'était certain. Un seul livre était posé à cet endroit, renversé sur le dos, lui aussi pelliculé de poussière. Gloria le prit : *L'Ange à la fenêtre d'Occident* de Gustav Meyrink. L'ouvrage usé s'ouvrit de lui-même au point de sa plus forte pliure. Gloria lut un paragraphe, au hasard : *Aux choses anciennes peut être attaché un sort, un maléfice, un charme qui opère sur celui qui les rapporte chez lui et veut avoir à faire avec elles. Qui sait à quoi l'on s'expose lorsque l'on siffle un chien errant que l'on croise au cours de sa promenade du soir ? On le prend en pitié et on le ramène chez soi, dans sa chambre douillette, et c'est alors le diable en personne qui vous regarde sous sa noire toison.*

Toc, toc, toc.

Gloria frissonna.

Elle qui avait un instinct sûr, et qui s'y fiait toujours, décida de reculer et de ne pas chercher à percer le mystère de ces tapotements.

« Ce doit être un piège, se dit-elle. Quelque chose ne va pas comme il faut dans cette histoire... »
Elle s'éloigna.
Pour la première fois de sa vie, elle était réellement terrifiée.
Mais, de retour dans le couloir, elle songea de nouveau à la nuit de Noël gâchée, à l'allégresse des habitants d'ici, à la tristesse de sa fille Zoé... elle *sentit* que tout cela avait un lien et qu'il était de son devoir d'en apprendre plus.
À ses pieds, elle aperçut un barreau de bois de la rampe d'escalier qui gisait sur le sol. Elle s'en saisit et le soupesa : il était lourd et massif. De quoi assommer un ogre.
Ainsi armée, elle revint avec détermination dans la bibliothèque.
Tic, tac, toc.
Elle agrippa un montant du rayonnage et tira dessus de toutes ses forces ; le pan entier de la bibliothèque se dégagea, grinçant comme une porte secrète.
Tic, tic, tic.
Tac, tac, tac.
Toc, toc, toc.
Cette fois, chaque heurt semblait être frappé à hauteur de son oreille. Le pouls de Gloria s'accélérait.
L'ouverture donnait sur un maigre espace dégagé entre le bois de la bibliothèque et le mur

de pierre de la pièce. C'était grâce à ce vide que les coups profitaient d'une sorte de caisse de résonance qui émettait vers toute la maison.

La seule lumière à la disposition de Gloria était le faisceau gris qui tombait de la haute fenêtre de la bibliothèque juste sur la partie inférieure d'une armoire en bois.

Gloria dressa d'une main son arme de défense et de l'autre dégagea la barre de fer qui scellait les deux portants de l'armoire. Ces derniers s'ouvrirent sous leur propre poids.

Tic, tic, tic.

Tac, tac...

Silence, soudain.

Gloria étrécit ses yeux et observa à l'intérieur. Quelque chose remuait. Elle se pencha et aperçut une petite silhouette, des pieds immobilisés par une grosse corde nouée aux chevilles, et un sac noir qui couvrait une tête. Toujours avec un luxe de précautions, Gloria défit ce dernier.

« Crénom de nom ! » dit-elle ensuite.

C'était un enfant. Un petit garçon. Une dizaine d'années. Bâillonné comme un bandit. Il se tenait pelotonné, les joues en larmes, l'œil ébloui même par une si faible lumière.

« Vous êtes venue pour me sauver, madame ? »

Chapitre 10

Où les esprits chagrins sont priés de garder pour eux leurs commentaires sarcastiques sur la non-existence des fantômes et des fées

La première surprise passée, Gloria défit ses liens et décida d'emporter le captif chez elle.
« Tu peux marcher ? » lui demanda-t-elle.
Le garçon était faible ; à l'évidence, il n'avait ni bu ni mangé depuis de longues heures. Mais il était si heureux d'être libéré qu'il retrouva rapidement l'entrain de son âge.
« Cela ira, dit-il. Ne vous en faites pas pour moi. Il faut vite sortir d'ici ! »
L'enfant regardait la bibliothèque, soulagé de voir que Gloria et lui étaient seuls.
« C'est par ici, indiqua la femme. Nous devons rejoindre le grenier. »
Les deux personnages se mirent en route. Gloria n'eut pas la présence d'esprit de jeter un œil par la fenêtre. De l'autre côté de la place, la jeune

Sauver Noël

Claire agitait pourtant frénétiquement son mouchoir rouge ! Gloria se retrouva près de l'escalier et reposa son arme de bois là où elle l'avait trouvée.

« Vous avez raison, dit le garçon, si nous nous faisions repérer, cela ne nous serait d'aucune utilité.
– Que veux-tu dire ? »
Mais un bruit stoppa net leur conversation. C'était un volet qui venait de claquer. Il fut suivi de deux battements de porte particulièrement violents.
« Accélérons ! » dit l'enfant, très inquiet.
Mais Gloria ne fit pas un mouvement. Dans l'ombre du couloir, là où une fenêtre venait d'être inexplicablement refermée, deux silhouettes apparaissaient. Deux hommes du baron Ahriman. Un troisième puis un quatrième personnages se matérialisèrent de la même manière.
« Ne restez pas là ! cria le garçon. Ils vont tous reparaître et nous encercler ! Montons vite. Et surtout, restez bien dans la lumière ! Restez près des fenêtres. Le jour les fait disparaître et les rend inoffensifs.
– Mais qu'est-ce que...
– Plus tard ! » insista l'enfant en tirant Gloria par la manche.

Ce qu'il avait dit se réalisa à la lettre : sous chaque parcelle d'ombre apparaissaient des êtres cadavériques habillés en redingotes !

Sauver Noël

La course qui s'ensuivit fut prodigieuse : les êtres se mettaient à pourchasser nos amis et, partout, les volets ou les rideaux des fenêtres étaient tirés d'eux-mêmes pour barrer l'entrée du jour ! Le petit garçon se jetait dessus au fur et à mesure pour les rouvrir. Dès qu'un gaillard fantomatique était proche d'attraper Gloria à la gorge, un rayon de lumière l'effaçait promptement.

D'autres reparaissaient ailleurs, émergeant des lattes du parquet comme des zombies de la terre d'un cimetière.

« Je dois rêver, se dit la gouvernante des Balmour. Je suis en plein cauchemar ! »

Mais le mauvais rêve persistait. Il y avait maintenant une vingtaine de poursuivants sur leurs talons !

Gloria ouvrit une porte, croyant accéder à une nouvelle chambre : c'était un placard obscur avec douze mauvais diables à l'intérieur ! Elle reconnut la femme hautaine au teint glabre qui avait emporté son panier de fruits : elle lui claqua le battant au nez !

« Au grenier ! Au grenier ! »

Un œil-de-bœuf sans stores, rideaux ni volets, leur sauva sans doute la vie ! Il barrait le passage de son éclat lumineux.

Gloria et le garçon entrèrent dans le grenier avec soulagement. Une fenêtre s'y trouvait qui ne pouvait être occultée. Derrière eux, les compagnons du baron Ahriman les regardaient, l'œil vengeur.

Sauver Noël

Ils virent nos amis enjamber la fenêtre pour retourner au 6, Collins Square.

*

L'enfant se retrouva en sécurité dans l'arrière-cuisine de Gloria.

Zoé assista à leur retour.

« Vous êtes pâle, maman ! Que vous est-il arrivé ?

– Rien, ma petite. Rien qui mérite d'être raconté. Pas vrai, petit ? »

Elle lança un regard au garçon, un regard qui disait sans ambages : « Pas un mot de tout cela à ma fille. Je ne veux pas l'effrayer et lui fournir des cauchemars pour le restant de ses jours ! »

Après s'être aspergé le visage d'eau froide, elle servit au garçon de quoi le restaurer. Ce dernier dévora tout ce que la gouvernante posait sous son nez : pudding, porridge, viande froide, œufs durs, sorbets, porc à la groseille, gelée à la menthe et aux câpres. Il ne reprenait son souffle que pour avaler une lampée de lait d'amande et dire invariablement : « Merci. » Il en émit une vingtaine de la sorte.

Il était blond, le cheveu coupé court, les yeux noirs, le nez retroussé, et portait des hardes rapiécées, de gros godillots et une casquette enfouie dans la poche. Gloria sourit en le regardant : ce petit bout d'homme ressemblait aux

Sauver Noël

enfants ramoneurs qui travaillaient autrefois pour feu son mari Newman Pickwick.

La porte du service fut soudain secouée par de grands coups.

Gloria et le garçon se regardèrent avec stupéfaction.

« Serait-ce *eux* ? »

La gouvernante s'approcha avec précaution, puis ouvrit la porte et fit entrer Claire qui était tout excitée.

« Que s'est-il passé ? dit-elle. Qui est ce garçon ? Qu'avez-vous trouvé chez le baron ? Avez-vous été découverte ? J'ai vu les volets qui se refermaient ! Je vous faisais des signes !

– Calme-toi, ma petite. Je vais tout te raconter.

– D'où revenez-vous, maman ? » insista Zoé.

Gloria soupira.

« De la maison du baron, dit-elle. J'y ai retrouvé ce pauvre petit enfermé dans un placard ! »

On laissa l'enfant terminer son repas avant de l'interroger.

« Eh bien, fit Gloria. Parle un peu, maintenant. Moi je suis Gloria Pickwick, voici ma fille Zoé et Claire, une amie. Toi, qui es-tu ?

– Je m'appelle Harold, madame. Harold Gui. »

Claire frissonna. Elle avait la nette impression de connaître ce nom. Mais c'était en fait l'esprit d'Esclarmonde, l'envoyée de la fée Dora qui l'habitait, qui réagissait à cette terrible révélation !

Sauver Noël

Harold Gui...
« J'ai été enlevé il y a quelques jours par les hommes qui habitent à côté de chez vous, reprit-il.
– Enlevé ? La malle noire ? Tu étais à l'intérieur ?
– Oui.
– Mais pourquoi enlèverait-on un pauvre enfant comme toi ? demanda Gloria. C'est insensé ! »
Harold hocha la tête.
« Pourquoi ? C'est un peu compliqué, fit-il. Ils m'ont enfermé depuis tout ce temps. Sans votre arrivée, j'aurais fini par mourir de soif et de faim. Je vous dois la vie, madame.
– Où as-tu été enlevé ? demanda Gloria.
– Dans... dans le Nord. Assez loin d'ici.
– C'est monstrueux. Qui est le baron Ahriman ? Le sais-tu ? Connais-tu tes ravisseurs ?
– Pas du tout. Ils ont surgi subitement et se sont rués sur moi. Ce sont de très mauvaises personnes, je vous le garantis. Les plus mauvaises de toutes. »
Gloria tapa du poing sur une table.
« C'est dit. Je pars sur-le-champ à la police. Nous allons les faire arrêter ! Enlever un enfant, non mais ! »
Harold se leva.
« Oh non ! Surtout pas, madame Gloria. Pas la police !

– Et pourquoi non ? C'est notre seule chance. »

L'enfant hésita.

« C'est que... j'ai de mauvais souvenirs avec les autorités. »

Gloria fronça les sourcils.

« Quoi ? Tu es un mauvais sujet, toi aussi ? Tu as des choses à te faire pardonner ?

– Oh non, vous pouvez me croire sur parole. Je n'ai jamais ni menti, ni volé, ni assassiné. Pourtant les autorités... ne se sont jamais montrées très justes avec moi. Je ne veux plus rien avoir à faire avec elles. Le plus urgent pour moi est de quitter Londres. Je dois retrouver mes amis et savoir ce qui leur est arrivé.

– Partir ? s'inquiéta Gloria. Non, tu devrais plutôt rester ici avec nous. Ou te cacher chez Claire.

– Non, madame, ils sentiraient ma présence. »

Claire haussa les épaules.

« Un bon bain et il n'y paraîtra plus ! fit-elle.

– Ce n'est pas ce que Harold a voulu dire », murmura Gloria en pensant aux fantômes.

Il y eut un silence.

« Je dois me rendre au plus vite en Écosse, reprit le garçon, dans le shire d'Aberdeen. Dans l'orphelinat de...

– Tu ne te rendras nulle part que l'on n'ait tiré cette affaire au clair.

– Mais, madame, cette nuit... Vous ne comprenez pas... »

Sauver Noël

Gloria secoua sa tête et sa tignasse rousse.
« Non, précisément, le nœud est là : je ne comprends pas, je ne comprends rien du tout ! »
Là-dessus, elle but un grand verre d'eau pour calmer son feu.
« Est-ce que tout cela est lié à Noël ? » demanda soudain Zoé.
Harold hésita puis dit :
« Oui. »
Il y eut un long silence.
« Je pense que vous devriez faire comme dit le garçon, reprit Claire. Il faut l'aider.
– L'Ecosse ! insista Harold. Savez-vous comment je peux y aller d'ici ? »
Gloria soupira.
« Personne n'ira nulle part ! Les choses sont certainement plus simples qu'il n'y paraît. Un mot à lord Balmour et à la police, et tout rentrera dans l'ordre !
– NON !!! »
Claire avait tout bonnement hurlé. Gloria en fut stupéfaite.
« Eh bien, Claire, qu'est-ce qui te prend, ma petite ?
– Il me prend que vous êtes parfois bouchée, madame Gloria !
– Qu'est-ce... »
Mais Gloria, qui allait laisser se déchaîner une de ses colères bien connues, ravala ses phrases assassines et retint sa main qui allait s'abattre sur

Sauver Noël

la joue de Claire : la jeune fille n'avait plus sa voix habituelle !

« Tu ne te sens pas bien ? »

Claire ne répondit pas. Son visage s'éclaira d'une manière fantastique. Gloria, Zoé et Harold reculèrent devant l'étrange phénomène.

La jeune fille se retrouva nimbée d'un éclat lumineux magique qui irradia dans toute la cuisine. Ses pieds quittèrent le sol et elle se tint dans les airs comme une apparition mariale !

« Vous m'écouterez, maintenant, Gloria Pickwick ? »

Ce n'était plus Claire qui parlait. La voix était plus basse, plus chevrotante, comme celle d'une vieille femme. Mais le ton était déterminé.

Gloria croisa ses bras.

« Commencez par me dire qui vous êtes et ce que vous fabriquez dans ma cuisine ?

– Je m'appelle Esclarmonde et suis venue pour vous aider, dit l'apparition. C'est moi qui vous ai mise sur la voie de Harold, par l'intermédiaire de la petite Claire... Mais à présent, comme vous n'entendez aucun conseil, vous me forcez à paraître devant vous, ce qui me coûte beaucoup !

– Mais...

– Silence ! Vous allez aider ce garçon comme il vous l'a demandé. Il doit retrouver des amis et vous allez le seconder dans sa tâche. Il y a des enjeux importants qui pèsent sur lui. La petite

Sauver Noël

poursuite de tout à l'heure chez le baron ne vous a pas éclairée ? »
Gloria secoua de nouveau la tête.
« Désolée, mais rien ne me fera quitter ma fille ! À chacun ses priorités. Vous vous êtes trompée de personne...
– Gloria Pickwick, n'entendez-vous pas ce qu'on vous dit, à la fin ! »
Jamais personne n'avait gourmandé Gloria de la sorte depuis au moins... trente ans ! Zoé et Harold se firent tout petits. La lumière qui entourait le corps de Claire commençait à ressembler à un feu rouge et menaçant.
« Maman, murmura Zoé, vous devriez peut-être écouter la dame...
– Mais pas du tout ! fit Gloria, nullement impressionnée. Qu'est-ce que cela veut dire ? On me donne des ordres maintenant ? On se revêt de lumière et hop : Gloria, faites ceci, Gloria faites cela ?! Je suis désolée, mais vous pouvez bien être l'incarnation d'une déesse grecque ou d'une sorcière de Bretagne, je ferai comme je l'entends, au mieux pour les miens. »
Esclarmonde allait crier de nouveau mais Gloria la coupa :
« Seulement, attendez ! Vu les circonstances, je veux bien faire un geste. Je vais aller de ce pas à la police et suivre ma première idée. Et si je vois que cela n'aboutit à rien, alors je réfléchirai à votre proposition. Si le petit a besoin de se

rendre en Écosse, je lui dirai comment faire, bien entendu. Mais de là à ce que je l'accompagne ? Je veux réserver ma réponse. Cela vous convient-il, la fée ? »

Esclarmonde haussa les épaules et s'évapora. On entendit seulement sa dernière phrase :

« Non, mais quelle tête de mule ! »

Claire retoucha le sol, s'allongea lentement et s'endormit.

La cuisine avait retrouvé son aspect initial.

Gloria prit des sels et du vinaigre pour ranimer la jeune fille. Elle ne se souvenait d'absolument rien.

Là-dessus, la gouvernante revêtit un grand manteau, un bonnet et des gants, et s'apprêta à partir.

« Je cours au poste de police ! Vous, vous restez là en m'attendant. Nous déciderons ensuite. »

Et elle claqua la porte sans attendre le moindre commentaire.

Harold regarda Zoé avec étonnement.

La fillette haussa les épaules : « C'est ma mère. Elle est comme ça... »

Chapitre 11

> *Où se vérifie cette pensée de saint Augustin qui affirme que des démons sont si multiples qu'on ne saurait les nier sans une grande imprudence...*

Gloria rejoignit le poste de police le plus voisin de Collins Square. Là, à sa grande surprise, on lui attribua un numéro de liste d'attente et elle dut lanterner près d'une heure avant de pouvoir s'adresser à un agent. Elle était environnée d'une foule de mécontents et de victimes en toutes sortes qui venaient déposer.

« Du jamais vu ! » disaient les *bobbies* qui rentraient pour se réchauffer après leur ronde.

Ce Noël devait rester dans les annales pour son nombre effarant d'effractions, de vols, de bagarres, d'évasions de prison, d'assassinats et de tout autre méfait inscrit ou non à la *Common Law* !

Mais Gloria, elle-même, n'avait-elle pas une histoire d'enlèvement d'enfant à faire enregistrer ?... Sans parler de cette poursuite avec des

Sauver Noël

assaillants qui sortaient des rideaux et des placards ? Elle se demandait si elle pourrait aborder le sujet avec la police. Si l'on ajoutait à cela les fruits pourris du baron, son carrosse qui disparaît sous les tunnels et maintenant Claire la chambrière qui se change en ange...

« Je suis bonne pour l'asile ! »

L'officier Vauxhall qui l'écouta avait l'air aussi intéressé par son histoire qu'un chat pendant sa toilette. Il croquait une pomme, plongeait son index dans un pot de marmelade, vérifiait le tic-tac de sa montre gousset, lissait ses favoris à l'aide d'un miroir de poche, redressait l'agencement méticuleux de ses crayons sur sa table, saluait de la main toute personne qui passait devant la vitre de son bureau, enfin il daigna taper d'un doigt sur sa machine à écrire l'équivalent de six mots. La date, le lieu et le nom de Gloria Pickwick.

Son rapport était terminé.

« Bien, dit-il. Nous vous tiendrons au courant. »

Ce fut tout.

Gloria voulut se récrier (Quoi ? un enlèvement d'enfant !), mais la porte du bureau avait été ouverte sur un signe de l'officier et déjà trois personnes se bousculaient pour entrer : l'une avait vu des morts émerger de leurs tombes, l'autre avait eu son magasin de pompes funèbres cambriolé, la dernière enfin hurlait qu'un fou avait sauvagement dépecé son bichon maltais.

Sauver Noël

Gloria s'effaça alors que la bousculade se poursuivait âprement, agrémentée de noms d'oiseaux et de grognements sauvages qui ne sauraient être du goût de nos lecteurs.
« Que se passe-t-il à Londres ? se dit-elle en abandonnant les lieux. C'est le Jugement dernier avant l'heure ! »
De retour à Collins Square, remuant toujours dans sa tête des idées et des images d'Apocalypse, elle ignora plusieurs de ses connaissances qui la saluèrent de loin et manqua de s'ouvrir le crâne contre un poteau de réverbère. La neige s'était remise à chuter. Gloria frissonna à plusieurs reprises. Et ce Harold ? Devait-elle tout abandonner pour le suivre ?
Mais soudain, elle découvrit une grande silhouette noire marchant sur le trottoir : le baron Ahriman !
Bien qu'elle ne l'ait vu qu'une seule fois à son arrivée des mois plus tôt, elle était certaine de le reconnaître. Haut, mince, couvert d'un manteau et d'une capuche noirs. Cette ombre mouvante se dessinait parfaitement sur le blanc de la neige qui recouvrait la place.
Le baron !
Il avançait dans sa direction.
Le reste de Collins Square était désert.
Aussitôt, Gloria enfonça sa tête entre ses épaules, serra les poings, inclina son buste et fondit sur lui comme une vachette.

Sauver Noël

Ils s'arrêtèrent face à face, à une dizaine de pas de distance. Le visage du baron était invisible. Celui de la gouvernante était le plus comminatoire qui soit. Il n'était pas question pour elle de parler de Harold sans avoir réfléchi davantage à la situation, mais qu'il ne la titille pas surtout, oh non !

« Madame Gloria Pickwick, je suppose ? »

Sa voix était grave et rocailleuse.

« Monsieur le baron, je présume », répondit-elle.

La capuche fit un signe positif.

« Vous n'avez rien à me dire ? » reprit l'homme avec mystère.

Gloria croisa les bras.

« Loin de moi l'audace de vous importuner, baron », fit-elle.

Le géant se pencha comme pour lui livrer un secret à voix basse.

« De l'audace, vous n'en manquez certainement pas, à ce que j'ai appris », murmura-t-il d'un ton provocant.

La gouvernante fronça les sourcils.

« J'ignore de quoi vous me parlez, lâcha-t-elle innocemment. Maintenant, si vous le permettez... »

Elle voulut reprendre sa route. Mais d'un coup, le bras droit du baron se dressa et lui ferma le passage.

« Vous ne savez pas à qui vous avez affaire, Pickwick ! » dit-il.

Sauver Noël

Gloria soupira. Ce geste du bras était celui de trop. Le chaud lui montait aux joues.

« Ah oui ? fit-elle. Eh bien, figurez-vous que je m'en moque, mon petit grand bonhomme. Tout baron que vous êtes, sachez qu'il m'est déjà arrivé de tenir la dragée haute à des comtes et à des ducs sans que cela m'émeuve plus que c'la. »

Elle ôta un gant et fit claquer ses doigts.

« J'ai la peau dure et une tête de bois ! ajouta-t-elle. Abaissez votre bras, à présent, ou je ne réponds plus de ma bonne éducation !... »

Le baron étouffa un grognement qui avait quelque chose du rire et de l'étranglement.

« Ne vous mettez pas en travers de ma route, Pickwick, ou vous allez le regretter ! Je vous briserai ! »

La phrase avait été prononcée avec une telle énergie que toute autre que Gloria aurait fui sur-le-champ ou supplié grâce. Elle rétorqua plutôt :

« Des menaces ? Quoi ? Vous allez vous plaindre auprès de mes maîtres ? Ruiner ma réputation ? Jeter sur mes basques votre horde de fantômes ? Je vous souhaite bien du plaisir ! »

Le baron rabaissa son bras et se redressa. Il sembla gagner encore quelques centimètres ; sa taille devenait invraisemblable.

« Non, Pickwick, gronda-t-il. Lorsque je m'emporte, je ne joue plus comme les hommes, je déchaîne les éléments naturels, j'anéantis les fortunes, j'invoque les maladies, je fais souffrir les plus faibles, puis enfin, je répands la *mort* après moi... »

Gloria ne cilla pas. Et là... ce qui devait arriver arriva.

Sans prévenir, elle bondit dans les airs et décocha une formidable gifle au baron Ahriman. Tête et capuche valdinguèrent.

De mémoire d'homme, on n'avait jamais entendu résonner un tel éclat de tonnerre sous la nue, tonnerre qui se répercuta partout sur la Terre, que le ciel soit orageux ou nimbé de son plus beau bleu.

Ce claquement résonna si fort et si loin qu'il fut perçu au-delà des sphères, dans la constellation du Petit Cheval où résidaient les anges exilés auprès de la fée Dora. Tout le monde s'inquiéta.

C'était que le diable, le prince des ténèbres, le rival du Créateur, le tentateur de Job, de Jésus et du Bouddha venait de recevoir une magistrale raclée de la part d'une petite gouvernante anglaise! Satan corrigé par Mrs. Pickwick!

Gloria lui assena :

« C'est indigne de vous, monsieur le baron, de souhaiter le malheur des gens! »

Là-dessus, rouge d'indignation, elle planta net le Lucifer estomaqué.

Mais avant de disparaître, elle se retourna pour lui lancer en guise de conclusion :

« Vous êtes un malotru! »

Et elle rentra au 6, Collins Square.

Sauver Noël

*

Lorsqu'elle pénétra dans sa cuisine, elle trouva sa fille Zoé, toute seule.
« Où sont-ils partis ? s'exclama Gloria.
– Claire est rentrée chez elle pour retrouver ses esprits. Ensuite, Harold est sorti précipitamment.
– Dehors ?! En ce moment ? »
Gloria courut à la fenêtre pour voir si le garçon ne tombait pas sur le baron. Mais la sinistre silhouette avait disparu et la place était déserte.
« Que s'est-il passé ? demanda la gouvernante. Que t'a-t-il dit ?
– Je l'ignore. Il semble qu'il ait vu quelque chose ou quelqu'un par la fenêtre qui l'a fait bondir. Il est parti comme une trombe.
– Mais avait-il l'air inquiet ?
– Non, non, plutôt content même. Il m'a dit qu'il reviendrait très vite. C'est tout. »
Gloria se gratta le front.
« Espérons qu'il ne court pas de risques inutiles... »
Au même moment, on sonna à la porte d'entrée des Balmour. C'était un télégraphiste de l'office postal de Charing Cross qui délivrait un télégramme urgent expédié par les gardiens de la propriété des Balmour en Écosse.
« De quoi s'agit-il, Barry ? lui demanda Gloria.
– Hélas les nouvelles sont mauvaises... »

Sauver Noël

Le message expliquait qu'un incendie avait ravagé le château familial. Incendie qui fut suivi par des pluies torrentielles et le débordement d'un cours d'eau voisin qui finit par submerger les terres et emporter les ruines calcinées.

Cette nouvelle porta un coup très dur aux Balmour. Cette maison de famille représentait beaucoup pour eux, le lord y avait grandi.

« Ce sont des choses qui arrivent », philosopha Meredith Balmour.

Mais peu après, une autre catastrophe leur fut annoncée par l'entremise des journaux du soir : les titres boursiers de lord Balmour s'étaient écroulés en l'espace d'une séance. Le bon lord et sa famille étaient en faillite !

On sonna de nouveau à la porte. Gloria alla ouvrir et se retrouva nez à nez avec le notaire véreux Alois Pepper flanqué de deux huissiers. Ils se présentaient à la résidence pour demander qu'elle soit mise en vente au plus tôt afin de couvrir le déficit creusé dans la journée ! Lorsque cela fut expliqué au bon lord dans son salon, il eut une attaque cardiaque et perdit connaissance.

Gloria courut sous la neige pour aller quérir le docteur Bligh. Ce dernier avait terminé sa journée de consultation et s'apprêtait à prendre une douche chaude. Il s'en fallut de peu que Gloria ne le tire dans la rue en peignoir de bain !

Il ausculta longuement Davy Balmour. Malheureusement, son diagnostic ne laissa pas la moindre espérance.

Sauver Noël

« C'est grave, dit-il. Lord Balmour est âgé... Je ne vous le cacherai pas : il n'en a plus que pour quelques jours, hélas ! »

Meredith Balmour s'évanouit, tomba et se brisa une côte ; les trois enfants, Katherine, Emily et Robert, ainsi que Zoé, se trouvèrent le soir même intoxiqués après le dîner.

« Que des ingrédients frais du marché de St. Perry pourtant ! s'alarma Gloria. C'est impossible ! »

Tous les petits prirent le lit avec une forte fièvre.

En l'espace de quelques heures, le 6, Collins Square, réputé pour ses rires et sa bonne humeur, avait sombré dans le désespoir.

Chapitre 12

Où Gloria se décide enfin!

À la nuit tombée, Gloria demeura seule dans sa chambre. Bouleversée et effrayée.
« Mon Dieu, comme le bonheur ne tient jamais qu'à un fil! » Elle songea à la disparition de son mari adoré, il y a sept ans. Un soir comme tous les autres... et puis tout bascule!
Avec cela, elle avait oublié la disparition du père Noël, Harold, la poursuite des fantômes, Esclarmonde, l'officier Vauxhall et même le baron Ahriman.
C'est alors qu'elle revit les événements chaotiques de la journée et qu'elle se souvint des paroles du voisin!
Lorsque je m'emporte, je déchaîne les éléments naturels, j'anéantis les fortunes, j'invoque les maladies, je fais souffrir les plus faibles, enfin, je répands la mort après moi...
Au cours de la nuit, entre deux allers-retours entre les chambres pour veiller son maître, sa

Sauver Noël

maîtresse et les enfants, Gloria jetait un œil par la fenêtre vers le 6 *bis*, Collins Square. On célébrait encore des agapes chez le baron ! Il y avait maintenant de larges buffets et des meubles là où pourtant le matin tout était désert. Par une vitre, elle aperçut un groupe de gens maigres et pâles qui la regardaient en souriant, sifflant des coupes de champagne et plaisantant. L'un d'eux s'approcha et hurla, ivre :

« La peau dure et une tête de bois, c'est cela ? »

Furibarde, Gloria ouvrit sa fenêtre et lança à son intention :

« Que je ne te croise pas dans la rue, toi, sinon ça va être ta fête ! »

Elle claqua le battant de la fenêtre.

« Mauvais zigue ! »

La maison ne résonnait plus que des larmes de Meredith Balmour et des plaintes douloureuses des enfants.

« Maman... maman... »

C'était la voix chérie de sa Zoé qui l'appelait.

Gloria se précipita à son chevet.

La petite était enfouie sous ses draps roses et un duvet brodé de champs fleuris et de petits animaux riants et colorés considérés comme rares dans les rues de Londres.

L'enfant avait de la fièvre, les traits du visage pâlis, partagée entre un froid constant et une chaleur étouffante. Gloria lui prit la main avec

Sauver Noël

inquiétude. Malgré les différents remèdes du médecin, le mal ne s'en allait pas.
« Maman... Harold... Noël... bredouillait Zoé.
– Calme-toi, ma petite. Ne fais pas trop d'efforts. Il faut te reposer.
– Mais Harold... Harold... »
Gloria craignait que sa fille ne soit proche de délirer. Elle fit le geste de lui essuyer le front avec un linge trempé dans de l'eau froide mais Zoé le repoussa. Elle voulait parler.
« Vous devez m'écouter, maman. »
Gloria sourit et lui fit signe qu'elle était tout ouïe.
« Tout est lié à ce garçon que vous avez trouvé chez le baron.
– Comment cela ?
– Lorsque vous êtes partie au poste de police, Harold est resté avec moi dans la cuisine et il m'a parlé.
– Oui. Que t'a-t-il dit ? »
Zoé avait besoin de reprendre son souffle presque après chaque phrase.
« Il a été enlevé... car il connaît la personne du père Noël... Le baron s'est servi de lui pour... pour empêcher Noël ! Harold connaît le père Noël, maman... Il existe bien, ce bon monsieur... et il est en grand danger !... »
« Ça y est, se dit Gloria, le délire l'a prise. Ma pauvre petite. »
« Bien, Zoé. Je comprends. Dors maintenant. Nous en reparlerons demain. »

Sauver Noël

Mais une fois de plus, Zoé se débattit pour que sa mère l'entende.
« J'ai beaucoup réfléchi à ce qu'il m'a avoué, dit-elle. Tout est lié, maman.
— Mais comment ce gamin pourrait-il connaître le père Noël ? Il s'est peut-être moqué de toi. Nous ne savons rien de ce garçon. »
La fille secoua énergiquement la tête.
« Avant de partir, il m'a prouvé quelque chose... quelque chose de certain...
— Et qu'est-ce que cela était ?
— Il m'a dit... »
Zoé toussa.
« La lettre que j'ai envoyée au père Noël... celle où j'avais écrit le cadeau dont je rêvais...
— Oui ?
— Personne ne savait ce que j'avais mis dedans...
— Oui. Tu as gardé cela secret.
— Eh bien... Harold... il m'a dit de me rassurer. Il m'a dit que, s'il arrivait à le sauver, le père Noël m'apporterait bien cette poupée rose et blanche que j'avais vue dans un magasin de jouets de Mayfair. »
Gloria fronça les sourcils.
« La poupée de Mayfair ! insista Zoé. Il ne pouvait pas le savoir ! Il m'a aussi dit que j'étais une très bonne fille, que le père Noël avait lu ma lettre et qu'il y répondrait ! Vous comprenez, maman ? Harold... Noël... le baron... »

Sauver Noël

Il y eut un silence. Zoé, au bord de s'endormir, sursauta une nouvelle fois :
« Vous devez aller l'aider ! Tout est lié. Harold veut déjouer les plans du baron. Il a besoin de vous.
— T'a-t-il dit qui était ce baron ?
— Il a dit le diable. Il a dit le diable. Vous devez partir aider Harold. Tout seul, il n'y arrivera peut-être pas. Il faut sauver Noël, maman. La fée Esclarmonde a raison. Il faut sauver Noël... »
Gloria serra la main de sa fille.
« Il est hors de question que je t'abandonne, ma petite.
— Si. Il le faut. C'est le baron... le baron qui... »
Elle voulut encore dire quelques mots, mais elle sombra dans le sommeil.
Gloria resta un long moment immobile à la regarder et à réfléchir.
Noël ? Le père Noël ? Le diable ? Ahriman ? Le poste de police encombré de victimes et de plaignants ? Une mystérieuse nuit de bagarres et de brigandage ?... Toutes ces mauvaises choses...
Gloria retourna dans sa chambre.
Cela serait lié ?
Elle repensa à ce que lui avait raconté Claire ce matin. Les allées et venues secrètes au 6 *bis*, l'arrivée de la malle et la joie soudaine du baron, la grande fête le soir de Noël alors que tous les enfants du monde s'affligeaient... Était-ce cela ? Était-ce le plan diabolique d'Ahriman ?

Sauver Noël

Et cet Harold ? En savait-il assez pour sauver la situation ?
Toute la nuit, elle réfléchit intensément.
Les menaces formulées par le baron avaient été exécutées : lord Balmour qui se mourait, la ruine, les enfants malades, la mort peut-être ensuite ?...
Le petit Harold voudrait déjouer ses plans ? Que pouvait-elle faire, Gloria, pour protéger les siens, elle, ici, seule ? Peut-on quelque chose contre la maladie, les secousses de la Bourse, les incendies et les inondations ?
« Non, dit-elle. À moins que... »
On gratta à sa fenêtre. Gloria sursauta et se saisit d'un manche à balai, au cas où... mais elle découvrit la gentille frimousse d'Harold. Elle le fit entrer. Il n'était pas seul.
Deux minuscules compagnons le suivaient.
Deux lutins !
Ils étaient habillés avec des chausses et un gilet marron, le bout de leurs longues oreilles était pointu, leur tête couverte par un petit chapeau lui aussi en pointe. Ils étaient petits, bien au-dessous des épaules d'Harold. Leurs yeux se remarquaient par leur absence de blanc.
« Mon Dieu !... fit Gloria (mais au vrai, c'était la troisième apparition magique de la journée, elle commençait à s'y faire).
– Vous êtes prête maintenant à nous aider ? » lui demanda Harold.

Sauver Noël

Gloria soupira.
« L'Écosse ?
– Non, fit le garçon. Changement de programme : l'Irlande ! »
La gouvernante secoua la tête.
« Hélas ! dans quelle histoire m'entraînez-vous ! Est-ce que j'ai une tête à vivre des aventures ? »
Les lutins rirent de la question, sans malice. Aussitôt, vexée, Gloria les cloua du regard.
« Eh bien quoi ? Je suis sujet à plaisanterie ? Je vous en prie, dites tout de suite que je n'ai pas la tête de l'emploi ! Que je ne suis bonne qu'à repasser le linge et faire la cuisine, et non à venir en aide au père Noël quand il est dans le besoin ? Alors donc, il suffit que l'on soit un peu forte et...
– Ils n'ont jamais dit cela, madame Gloria, fit remarquer Harold.
– Encore heureux ! » explosa Gloria.
Elle s'inspecta de la tête au pied dans le miroir suspendu à une porte de son placard. Elle examina sa robe noire, ses formes généreuses, ses jambes et ses bras qui semblaient des piliers, son regard fixe et ses cheveux de feu.
« Mais je suis parfaite pour cette aventure ! »
Là-dessus, elle se saisit d'une feuille de papier et d'un crayon et écrivit une longue lettre à l'intention de sa maîtresse.
Elle y expliquait son départ. Elle disait où trouver l'argent de ses économies pour aider la famille Balmour dans sa nouvelle détresse (elle

en prélevait une partie pour subvenir à son voyage). Elle laissait aussi une clef et une adresse ; celles de la maison dans la banlieue de Londres qu'elle partageait autrefois avec son mari Newman et qui pouvait accueillir les Balmour s'ils devaient quitter Collins Square. Elle confiait sa fille Zoé à Meredith. « Je reviendrai vite. Je vous écrirai souvent. Je fais cela pour tout le monde... Ayez confiance. » Elle avouait partir en pleine nuit pour ne pas endurer les larmes de la séparation. « Priez beaucoup pour moi... »

Aussi cruelle soit-elle, sa décision était prise.

Elle boucla un baluchon, et dit à Harold et aux lutins :

« Allons-y ! Plus vite nous partons, plus vite nous revenons ! Le temps ne travaille certainement pas pour nous. Dépêchons-nous ! »

Chapitre 13

Où il est question d'une île perdue dans la brume et chère aux petits lutins

Avant l'aube, ils atteignirent la gare de Londres. Les lutins avaient été dissimulés dans un drap blanc roulé comme un baluchon. Gloria paya le prix d'un compartiment entier. Ils s'enfermèrent dedans. La gouvernante s'assit face au garçon.
« Bon, lui dit-elle, maintenant, *cartes sur table*, mon joli ! Je veux tout savoir. J'ai laissé derrière moi une fille souffrante, une famille dans le besoin et un maître à qui je dois tout, et qui est en passe de quitter ce bas monde ! Tout cela, peut-être, parce que je t'ai tiré d'un placard chez le baron Ahriman. J'entends que tu mesures bien les sacrifices auxquels je consens pour te venir en aide. Sacrifice de mère, sacrifice d'employée, sacrifice de femme. Alors, zou ! dis-moi tout. Tout. »
Harold hocha la tête et répondit :

Sauver Noël

« Non.
– QUOI ? »
Le garçon sourit.
« Non, madame, je ne vous dirai pas tout. Vous ne pouvez pas, vous ne devez pas tout savoir et ce n'est pas...
– Mais voilà qui est insensé ! hurla Gloria devant autant d'aplomb.
– Non pas, répondit le garçon. Esclarmonde vous dirait...
– Bah ! laissons cette effrontée de côté, veux-tu ? Soit. Va pour l'essentiel ! Dépêchons. Es-tu lié à cette triste affaire de Noël comme me l'a laissé entendre la petite Zoé ?
– Oui, madame. Le père Noël compte beaucoup de personnes qui travaillent auprès de lui pour préparer Noël avec soin. Et je suis une de celles-là. Les lutins aussi. Je n'ai pas menti à votre fille. »
Harold avait dit cela avec une simplicité et une justesse confondantes ; il aurait dit sur le même ton « je suis un vendeur de journaux ou un petit ramoneur », cela n'aurait pas sonné plus vrai. Mais non, il œuvrait auprès d'un « être mystérieux » dont l'existence n'avait été vérifiée par personne et qui, disait-on, vivait caché au pôle Nord et se déplaçait dans les airs à l'aide de rennes volants ! Rien que ça !
« Quelques jours avant Noël, reprit le garçon, des hommes en noir ont surgi dans l'endroit

Sauver Noël

secret où se situe notre fabrique de jouets. Ils ont tout ravagé et m'ont emporté. Jusqu'à cette nuit, j'ignorais ce qu'il était advenu de mes amis. J'ai été enfermé dans une malle et conduit à Londres. Comment nous ont-ils trouvés ? Je l'ignore. Pourquoi ? Je n'en sais pas plus.
– C'est pour cela qu'il n'y a pas eu de Noël ?
– Précisément.
– Et le père Noël ? Que lui est-il arrivé ?
– Il... heureusement il n'était pas sur place au moment de l'assaut. Mais seul, aujourd'hui, il ne peut plus rien. »
Gloria fit des yeux tout ronds et se passa une main dans les cheveux.
« Si tout cela est vrai, c'est proprement incroyable !
– C'est vrai, madame Gloria. Tout est vrai. À présent, il faut reconstruire notre repaire. Pour sauver Noël. Il faut surtout barrer la route à ce baron. C'est un personnage avec des pouvoirs très étendus. Les hommes ne pourront rien contre lui. Il faut s'unir avec d'autres êtres fantastiques pour le vaincre. Je dois retrouver mes amis.
– Bon. S'il s'agit de faire mordre la poussière à ce grand rideau noir, tu peux compter sur moi ! Recherchons tes amis. Par qui commence-t-on ?
– Par les autres lutins, madame. »
Gloria regarda les deux petits êtres qui laissaient poindre leur nez hors du baluchon. C'était la première fois qu'ils prenaient le train.

« Espérons qu'il ne soit pas trop tard, dit l'un d'eux. Tous les autres sont partis. Nous ne sommes restés que pour tâcher de suivre Ahriman à la trace et retrouver Harold. Cela faisait deux nuits que nous étions sur les toits de Collins Square sans pouvoir deviner où était enfermé notre ami. Grâce à vous, madame Pickwick, nous l'avons vu traverser d'un grenier à l'autre. Ensuite, nous nous sommes montrés à la fenêtre de votre cuisine. Soyez bénie, madame!

– Ce n'est rien, fit Gloria. Revenons plutôt à vos amis. Partis? Mais partis à quel endroit? »

Les deux lutins se regardèrent, gênés.

« Après la débâcle de Noël, expliquèrent-ils, nous avons tous compris que c'était la fin. Alors les lutins ont décidé de quitter ce monde.

– QUOI? s'écria Gloria. Ces petits-là se sont donné la mort?

– Non, madame Gloria, répondit Harold. Ils veulent dire qu'ils ont quitté notre planète. »

Gloria se tapa le front du plat de la main.

« Mais bien sûr, pourquoi n'y ai-je pas songé tout de suite! Ils sont partis sur la Lune! Ou sur Saturne! Suis-je terre à terre tout de même! Enfin, plus sérieusement, je me demande à qui je vais pouvoir raconter ce que je vis en ce moment sans qu'on me fasse enfermer chez les fous!... »

Harold sourit tristement.

« Vous plaisantez, mais... si nous ne les retrouvons pas à temps, tout sera terminé! Le baron aura détruit Noël pour de bon... »

Sauver Noël

Les lutins firent oui de la tête.
« Attendez ! Attendez ! gronda Gloria. Cette histoire de voyage dans le ciel, comment cela se passe-t-il ? Cela ne s'accomplit pas d'un claquement de doigts, je présume ?
– Les lutins ont rendez-vous sur une île déserte, en Irlande, où l'on doit venir les chercher en secret.
– Quelle île ? Où ? Quand ?
– La plus grande des îles Blasket, en face de la péninsule de Dingle, répondit le premier lutin. Mais ils sont peut-être déjà partis.
– Eh bien ? Allez ouste ! s'exclama Gloria, pas de fatalité avant l'heure ! On se sort de ce trou et l'on part à leurs trousses ! S'il vous plaît, ne vous apitoyez pas sur de simples conjectures, les petits. Du nerf ! Du nerf ! En route ! »

En l'espace d'une seconde, Gloria Pickwick était devenue la personne la plus investie dans cette aventure. Tout au long du trajet qui les menait jusqu'à la côte ouest de l'Angleterre, elle ne cessa de pester contre la lenteur des cheminots !

« Dès que nous arrivons, dit-elle, on prend un bateau et l'on rejoint l'Irlande. Ensuite, à cheval jusqu'aux îles Blasket ! »

Chapitre 14

Où les lecteurs font la connaissance d'un certain Eliot Doe, auteur de contes pour enfants de son état

Ils mirent cinq jours pour traverser le sud de l'Angleterre et rejoindre l'extrême ouest du royaume et la péninsule de Cornouailles. Là, ils évitèrent les gares ferroviaires de Turbo et de Saint Austell, les deux grandes villes du comté. Ils ne voulaient pas risquer de faire découvrir leurs lutins et décidèrent de descendre du train à la station de Falmouth, une modeste ville en bord de mer.

Gloria et Harold furent les seuls à mettre le pied sur le quai désert, hormis un autre petit homme qui avait l'air très pressé.

À Falmouth, les choses se compliquèrent pour nos héros. C'était une petite ville de pêcheurs, encore préservée de la folle industrialisation qui sévissait au nord. Mais pour franchir la mer d'Irlande en cette saison, il n'y avait que deux

Sauver Noël

navettes et toutes les places disponibles pour les prochaines traversées venaient d'être achetées par un étranger de Londres.
— « Ah oui ? Et qui donc ? demanda Gloria.
— Un certain Billy, lui répondit un des capitaines.
— Billy, c'est tout ?
— C'est le nom qu'il m'a donné. Assorti d'une jolie bourse de shillings. À ce prix-là, vous savez, je reste amarré aussi longtemps qu'il faut pour lui plaire. Billy ou un autre. »
Chez les pêcheurs, même son de cloche.
Là, c'était un Tommy ou un Charlie ou un Larry qui avait requis leurs embarcations.
« Si vous voulez prendre la mer ces jours-ci, il va vous falloir monter plus au nord, dit un vieux marin à Gloria.
— Mais ce Billy, Tommy ou Charlie, à quoi ressemble-t-il ?
— Un p'tit gars tout nerveux, habillé de noir... Curieux, mais qui paye comptant et sans mégoter. Aussi personne ne lui pose de question. Le silence, c'est comme tout, ça a son prix.
— Je vois... »
Elle songea à l'homme du quai.
Gloria voulut s'enquérir à la gare des horaires des trains de Falmouth pour Pishguard et Pembroke, mais, sans trop de surprise, un certain Benny était passé par là et avait retenu tous les compartiments.

Sauver Noël

« Ce n'est pas net, dit Harold. Ahriman aurait-il retrouvé notre trace ?... Devine-t-il ce que nous cherchons à faire ?
— C'est une possibilité. Il veut nous bloquer ici. Sans doute pour nous tomber dessus. Il doit toujours être à ta recherche, Harold. »
La gouvernante s'énervait. Chaque minute qui passait lui faisait l'effet d'un échec impardonnable.
« Crénom de crénom ! » grogna-t-elle.
Comme le lecteur l'aura remarqué depuis de nombreux chapitres, les oreilles de Gloria ne s'échauffaient qu'aux jurons proférés par les autres. Elle restait parfaitement indifférente à ses propres écarts de langage.
Harold et les deux lutins s'assirent sur une pierre couverte de givre. Chacun se prit le front entre les mains.
« C'est fini ! C'est fichu. Nous sommes coincés. Il est trop tard... »
Là-dessus, Gloria vit rouge :
« Voulez-vous bien vous relever et cesser de geindre ! Que signifie cette attitude ? On n'abandonne pas la bataille de la sorte, les petits ! Pas avec moi, en tout cas ! Du nerf ! Du nerf ! Non, mais qui m'a attribué des mollasses pareilles ? Allez debout, on va reprendre l'avantage. Et plus tôt que vous ne le pensez. Creusons-nous les méninges. »
Ce qu'elle fit, pendant un long moment. Puis soudain, elle retourna dans la gare et exigea une

Sauver Noël

carte géographique de la région qu'elle étudia avec minutie.

« Examinons en premier lieu où nous nous situons précisément... »

Harold et les lutins, sur la brèche, s'en remettaient plus que jamais à l'énergique gouvernante des Balmour. Brusquement, elle fit un petit saut de victoire.

« Bristol ! Bristol ! répétait-elle. Je connais quelqu'un qui habite dans cette région, vers Glennabott. Là, sur la carte. »

Elle pointait un endroit qui semblait aussi éloigné des autres villes et villages qu'un repaire d'ermite dans le désert. Un vrai trou perdu battu par les flots.

« Cela n'est pas très loin d'ici, estima Gloria en posant deux doigts sur la carte.

– Qui est cette personne que vous connaissez ? demanda Harold.

– Un écrivain. Eliot Doe est son nom. Il écrit des contes pour enfants qui sont assez fameux. J'en ai lu des dizaines pour endormir ma fille ou les enfants de mes maîtres. Tout à fait divertissants. Sur chaque dos de couverture, il y avait son portrait imprimé et une mention qui déclarait qu'il vivait seul dans le Gloucestershire où il puisait toute son inspiration.

– Un auteur pour enfants, Gloria ? Mais que peut-il faire pour nous ? s'enquit le garçon incrédule.

Sauver Noël

– C'est sans doute un farfelu, d'accord, mais justement, je crois savoir comment il va nous aider.
– Il possède un bateau ? demanda un lutin.
– Non, mais il possède des oies.
– Des oies ? »
Gloria fit un oui énigmatique du front mais n'en dit pas davantage sur ce curieux mystère.
Sur Eliot Doe, toutefois :
« Il a publié un conte qui s'intitule *Le Voyage du petit Léonard*, qui est le favori de Robert, le fils des Balmour. Ce conte m'a longtemps laissée songeuse ; il est temps d'en avoir le cœur net ! Allons le rencontrer tout de suite, déclara-t-elle. Au reste, c'est la seule piste que nous ayons dans ce coin, alors filons ! »
Cette fois-ci, pas de charrette, encore moins de train ou d'omnibus, pour voyager Gloria acheta la vieille bicyclette d'un marin tout surpris de faire une affaire si inattendue.
Et ainsi, Harold assis sur le porte-bagages et les deux lutins enfouis dans la corbeille avant du guidon, Gloria se mit à pédaler dru sur les routes verglacées de l'ouest de l'Angleterre.

Comme certains de nos lecteurs le savent, Harold avait rencontré beaucoup d'individus étranges et peu recommandables dans sa jeunesse orpheline ; de son côté, Gloria avait aperçu tout ce qui compte d'originaux et de fadas dans la

Sauver Noël

noblesse et la *gentry* londoniennes venues à la table des Balmour, et les lutins eux-mêmes n'étaient pas en reste dans le rayon des gens croisés à drôle de tempérament... Pourtant, aucun d'eux n'était préparé à faire la connaissance d'un hurluberlu dans le genre d'Eliot Doe.

L'homme habitait une cabane posée sur un éperon rocheux qui plongeait droit dans les eaux bouillonnantes regardant vers l'Atlantique au sud et la mer d'Irlande au nord. On disait qu'hormis Eliot Doe, ne pouvaient vivre là que des mollusques incrustés dans les roches de la falaise et des châtaignes des mers très valeureuses. Le lieu était aride et dangereux au possible.

Pour trouver son chemin, Gloria dut interroger différents habitants de la région. À la seule évocation du nom d'Eliot Doe, elle s'entendit répondre illico :

« Ah, le fou ?
— Le zinzin ?
— L'illuminé ?
— Le dingue ?
— Le cinglé ?
— L'extravagant ?
— Oh, le pauvre... »

Certains ignoraient s'il était encore en vie, d'autres remettaient catégoriquement en question le fait qu'il ait jamais existé.

« Ce sont des histoires... Eliot Doe est un personnage inventé pour plaire aux enfants !

Sauver Noël

– Ou pour les terrifier ? »

Bref, en voyant apparaître dans la brume la cabane d'« Âpre-vent », et bien que humant l'odeur d'un bon feu de cheminée et d'une soupe au lard, nos amis se demandaient quelle allure fantastique allait avoir leur hôte à la réputation si tranchée.

Eh bien, Eliot Doe ressemblait à Monsieur Tout-le-monde.

*

C'était un petit vieux habillé d'un chandail à grosses mailles grises qui recouvrait une robe de chambre bleu ciel tenue par une ceinture de chanvre. Il portait un foulard rouge avec des imprimés orange et un bonnet blanc à pompon jaune très sympathique.

On pourrait avoir tout dit sur son compte en disant cela, s'il ne fallait ajouter qu'il avait aussi un œil vairon, une moustache de Viking qui lui tombait autour des lèvres jusqu'au menton, un tatouage bleu prison sur le front qui représentait un signe kabbalistique impénétrable et une dentition chaotique qui, manifestement, avait ignoré le contact d'une brosse à dents depuis des lustres. En particulier, deux chicots noirs supérieurs lui faisaient comme des crocs. C'était un Monsieur-Tout-le-monde d'une époque de pirates ou de reîtres médiévaux.

Sauver Noël

Toutefois, cet aspect d'abord rebutant était tempéré par un sourire bienveillant, un regard tendre et une surprise de voir Gloria et Harold débarquer sur son seuil qui était soulignée par de la joie.

« Vous êtes Eliot Doe ? lui demanda Gloria.
– C'est moi. Que puis-je faire pour vous ?
– Pour commencer, nous laisser rejoindre ce feu de cheminée, car il fait frais dans votre pays ! »

La femme entra sans attendre de réponse, elle se présenta, ainsi que Harold. Les lutins étaient toujours dissimulés dans leur baluchon.

Gloria inspecta du regard l'intérieur du conteur ; ce qu'elle vit était de son goût : il y avait des livres partout, des dessins, de curieuses maquettes en bois, des figurines de héros et des bocaux pleins de substances colorées. Presque un repaire de magicien.

« Vous vous êtes égarés dans la région, mes amis ? demanda Eliot.
– Point du tout, fit Gloria avec netteté.
– En vérité, nous vous cherchions, dit Harold.
– Vraiment ? »

L'homme tira sur ses moustaches.

« Ce n'est pas banal, ajouta-t-il. Je n'ai pas reçu de visite depuis plusieurs hivers. Que me vaut cet honneur ? »

Gloria le dévisageait curieusement.

« Dites-moi, vous n'avez pas du tout la tête imprimée sur la couverture de vos livres !

Sauver Noël

– Ah! vous m'avez lu, madame?
– Oui, monsieur. Et pas qu'un peu. J'ai chaque soir quatre enfants à faire dormir, vous voyez le tableau.
– Je vois. En effet, le portrait n'est pas le mien. Mon éditeur trouve que j'ai une face à faire fuir les lecteurs. Comme il n'était pas question pour moi de changer de visage, on a changé le portrait. C'est un bel inconnu qui orne mes œuvres à présent. »

Tout en répondant aux questions de ses hôtes, Eliot Doe n'en sacrifiait pas moins aux lois de l'hospitalité, et il préparait un plateau de victuailles et des boissons chaudes.

La vanité ne tombant jamais loin de l'ombre d'un auteur, il s'enquit avec intérêt :

« Puis-je savoir quels sont mes contes que vous avez lus? Et lesquels vous ont plu? »

– Ma foi, j'en connais une pelletée et tous m'ont enchantée, je dois dire : *Les Petites Fées de Calédonie*, *La Danse des chérubins de Tchalls*, *La source qui parle*, *La Grotte au dragon fainéant*, *L'elfe qui jouait aux dés*, *Les Saltimbanques magiques*, *Feu Madame la sorcière*, *D'où sors-tu, vilain Troll?*, *Un conte pour ceux qui n'aiment pas ça*, *Les animaux qui parlent grec*, *Le Siffleur de pipeau*, *La boisson qui donne soif*, *Le Cochon et le Pingouin*, *Une belle histoire de vampires*, *Un fantôme dans de beaux draps!*, *Un héros de conte malgré lui, Le pompier qui sauva Rome.* »

Eliot siffla.

« Mazette, vous êtes une experte à ce que je vois !

– Je me défends. »

L'auteur avait posé sur la table de quoi sustenter l'équipage d'un drakkar. Nos amis en profitèrent sans restriction.

« Et pourquoi vivez-vous aussi éloigné de tous, monsieur Doe ? demanda Harold. Est-ce pour trouver l'inspiration et le calme nécessaires à l'écriture ? »

Eliot secoua la tête.

« Pas du tout ! Moi aussi, j'aimerais vivre à Londres ou dans une grande ville pleine de richesses. Regardez mes confrères, Dickens ou Andersen, ils n'ont pas besoin de se cloîtrer hors du monde pour débrider leur imagination et se montrer prolifiques !

– Alors quoi ? »

Eliot s'assit à la table et soupira, l'œil soudain battu.

« Voyez-vous... dit-il. Je ne suis pas né dans le bon siècle ! »

Gloria faillit s'étouffer en avalant un blanc de poulet.

« Allons donc, je ne l'avais jamais entendue celle-là ! Vous êtes amusant, monsieur Doe.

– Non, au contraire, c'est très pénible pour moi.

Sauver Noël

— Que voulez-vous dire ? » demanda Harold, plus sérieux que la gouvernante.

L'auteur se saisit d'une longue pipe d'écume et l'alluma avec une braise du foyer. Elle représentait une tête de dragon, des éclats de saphir suggéraient les yeux et de l'ambre de Norvège représentait le feu qui se consumait au fond de ses larges narines.

« Pour faire bref, reprit-il, je suis un homme d'avant l'an mil. À cette époque, le monde était bien autre que celui que nous connaissons. Relisez avec soin les textes : l'homme vivait alors entouré de personnages fantastiques, de fées, de magiciens, d'esprits de la forêt, d'animaux légendaires. Il se rencontrait partout des druides, des potions et des filtres ensorcelants. Le surnaturel faisait corps avec la vie de tous les jours. Lorsqu'un prince festoyait trop bruyamment en son château, il pouvait réveiller un ogre qui sommeillait dans une grotte. Alors, un jeune héros venait se faire connaître en terrassant cette bête monstrueuse et en sauvant les habitants du château ! »

Gloria fit la moue.

« Mais c'est une époque horrible, oui ! Violente, périlleuse, pétrie de superstitions, sombre...

— Sans doute. Seulement, nous avons là aussi l'âge de la chevalerie, de l'éloquence, de la courtoisie, des cérémoniales superbes, des serments irrévocables, de la vertu au sens vrai du terme.

Sauver Noël

Jamais l'homme n'a été si bien confronté à sa grandeur et à sa petitesse. En ce temps-là, les hommes vivaient, croyez-moi! L'existence était une aventure digne d'être tentée. Mais aujourd'hui? Nous, nous sommes réduits à l'état de marionnettes. Nous perpétuons des traditions sans plus rien savoir de leur signification, nous avons rompu le lien avec nos ancêtres en échange d'un dérisoire confort matériel qui n'honore personne. Non, je me refuse à vivre dans ce monde-là! »

Après quoi, Eliot Doe prit un verre et une bouteille d'eau-de-vie et se servit. Mais dès qu'il voulut porter le breuvage à ses lèvres, Gloria l'arrêta.

« Ah non! fit-elle. Ne commencez pas à picoler! Il n'est pas pensable de poursuivre une discussion avec quelqu'un qui s'enivre. Je déteste cela. Reposez ce verre, malheureux. »

Le vieil homme, comme un enfant gourmandé, obéit benoîtement.

« C'est mieux, jugea Gloria. Poursuivez. Qu'est-ce que vous faites ici, alors? »

Eliot haussa les épaules.

« Je cherche à comprendre ce qui s'est passé. Car quoi? Où sont cachés les êtres d'autrefois? Il semble que, du jour au lendemain, ces personnages merveilleux se soient évanouis! Aujourd'hui, où subsistent les anges, les elfes, les griffons et les sylves qui faisaient le quotidien de

Sauver Noël

ce monde perdu ? L'homme du XIXe siècle est livré à lui-même, plus un seul esprit magique pour le guider ! Alors j'étudie, je fais fonctionner mon imagination, je réunis une collection de textes et d'objets qui accréditent que ces êtres ont bel et bien existé. »
Pris dans le feu de son sujet, Eliot se leva et présenta à nos amis une suite de reliques.
D'abord un heaume.
« Celui de Beowulf dans sa lutte contre l'ogre et sa mère l'ogresse. »
Puis une lance.
« Elle a appartenu à un prince danois cité dans l'ancienne *Edda* et elle possédait autrefois le pouvoir de tuer et de guérir tout à la fois. »
Puis une dent.
« Retrouvée sur le bouclier de cuir d'un chevalier vaincu par un dragon. »
Puis un linge plus fin que la soie.
« La robe véritable d'un elfe. »
Puis une oriflamme.
« Celle de Camelot. »
Puis une petite corde.
« Un fragment de la cordelière de Viviane. »
Puis une branche de gui séché.
« La couronne du druide qui initia Kevin le magicien. »
Enfin une paire de crânes humains.
« Ils servaient aux rois germains pour boire le sang de leurs ennemis. »

Sauver Noël

Gloria sursauta.

« Reculez-moi cela tout de suite, dit-elle, vous allez me gâter l'appétit ! »

Eliot Doe sourit.

« Aujourd'hui, tout ce que j'apprends, dit-il, je le transmets à travers mes contes pour enfants. Parce que personne ne me croirait. Je passe déjà pour un fou ! Ce que les adultes prennent pour des fadaises de conteur sont simplement des vérités auxquelles ils n'ont plus accès. Les êtres magiques nous ont bel et bien quittés il y a mille ans, mais je suis convaincu que l'on verra un jour leur retour parmi nous. Et là, la surprise sera grande pour certains ! »

Le conteur se saisit d'un très gros grimoire.

« Ceci est la pièce maîtresse de ma collection. J'ignore la date de sa rédaction. Il est écrit dans une langue inconnue et je suis près de penser qu'il s'agit d'un bréviaire magique ou d'un document qui a appartenu à ces peuplades fantastiques disparues ! Je me suis familiarisé avec toutes les langues anciennes imaginables et pourtant je n'arrive à rien déchiffrer. Hormis le titre, peut-être. Pour moi, il dirait : Hrhtrïn Grrpl. »

À ce moment, il y eut un mouvement dans le baluchon de Gloria et l'on entendit dans la pièce une voix lancer :

« Non pas Hrhtrïn Grrpl, mais Haraïn Grenpal ! »

Eliot se figea.

Sauver Noël

« Pardon ? Qui a dit cela ? »
Harold avait blêmi. Gloria souriait. Les lutins s'agitaient dans leur sac. Elle se leva et alla défaire le nœud pour les libérer.
« Mais ? s'inquiéta Harold.
– Ne crains rien, lui répondit-elle à voix basse. Même s'il raconte cela à quelqu'un, penses-tu qu'on le croira ? Nous sommes protégés de ce côté-là, sois-en certain. »
Gloria délivra les deux lutins.
« Ah ben ça ! s'exclama Eliot Doe, vous cachez donc des marmots dans votre sac ? »
Mais, lorsqu'il vit pour de bon la nature des deux nouveaux personnages, il pâlit comme un mourant.
Deux véritables lutins debout dans sa cabane !
Spécialiste de la chose, il avait reconnu leurs oreilles pointues, leurs curieuses rétines sombres, et ce petit air espiègle que ces êtres promènent partout avec eux.
Comme cela arrive souvent en de pareils cas, le vieil homme s'évanouit et s'écroula de tout son long sur le plancher ! Gloria Pickwick, égale à elle-même, leva les yeux au ciel devant tant de sensiblerie, Harold et ses amis se précipitèrent pour secourir le pauvre homme.
Devant leur incapacité à le ranimer, la gouvernante saisit le verre d'eau-de-vie resté sur la table et le fit ingurgiter par petites doses au conteur tombé en pâmoison.

Sauver Noël

L'alcool lui rendit ses esprits.
« Qu'est-ce que ?... quoi ?... comment ?... »
Sitôt sur pied, il regarda les lutins. Envahi par le doute et la suspicion, il s'approcha lentement de l'un d'eux et, sans crier gare, se mit à lui tirer vigoureusement le nez et les oreilles.
« Aïe ! Aïe ! Aïe ! Vous me faites mal à la fin ! se plaignit le lutin. Vous voulez que je fasse pareil avec votre moustache grotesque ? »
Sans attendre, il joignit le geste à la parole et se suspendit tout entier aux bacchantes à la Viking du conteur.
Ce fut au tour d'Eliot d'éructer :
« Aïe ! Aïe ! Aïe ! Vous me faites mal à la fin ! »
Impatientée, Gloria frappa sur la table pour ramener l'ordre.
« Bon, vous en avez fini avec ces enfantillages ? »
Le vieil homme s'excusa et le lutin aussi.
« Mais enfin il faut me comprendre ! s'écria Eliot. C'est incroyable. Des lutins ! Ici, chez moi ! Dieu soit loué ! »
Pendant le bref échange entre le lutin et l'auteur, le second lutin s'était porté de son côté sur le grimoire précieux présenté par Eliot.
« Tu peux le déchiffrer ? lui demanda Harold.
– Bien entendu, répondit le lutin. C'est un texte sacré qu'ont en commun tous les êtres magiques d'autrefois. C'est un peu notre Bible à nous ! Aucun lutin n'a pu poser ses yeux sur ces

Sauver Noël

pages depuis des siècles et des siècles. Tous les exemplaires devaient avoir été emportés ou détruits. C'est formidable ! »

Mais la surprise du lutin n'atteignait pas la moitié de celle d'Eliot. Il en avait les larmes aux yeux, le brave homme. « Tu pourrais m'en faire une traduction ? demanda-t-il. Tu le pourrais ? En anglais ? »

Le lutin hocha la tête de manière positive.

Il s'en fallut de très peu qu'Eliot ne défaillisse de nouveau et ne s'écroule sur le sol.

« Eh là ! lui dit Gloria en le secouant énergiquement, restez sur vos cannes, s'il vous plaît. Nous avons à parler. *Primo* : votre livre, là, c'est bien gentil, mais nous en reparlerons une prochaine fois. Nous ne sommes pas venus pour cela. *Secundo*, le temps presse. Vous allez nous aider, monsieur Eliot, Harold, les lutins et moi !

– Vous aider ?

– Oui. De tous les contes qui sont sortis de votre plume, il en est un dont j'aimerais que l'on cause. *Le Voyage du petit Léonard*.

– Qu'a-t-il, ce conte, pour vous intéresser ?

– C'est simple, vous allez comprendre : nous devons nous rendre au plus vite en Irlande. Et pas n'importe où : de l'autre côté de cette grande île, sur les îles Blasket !

– En effet, ce n'est pas tout proche.

– Avec cela, la mer nous est fermée par la faute de certains contretemps qu'il n'est pas lieu

Sauver Noël

de vous expliquer maintenant. Comprenez-moi bien : nous devons par tous les moyens emmener ce jeune garçon et ces deux lutins à l'endroit que je vous ai signalé. Il en va de la survie de ce monde ancien que vous regrettez tant. Nous avons d'autres lutins à sauver. Vous me suivez ? Si je vous ai bien lu, vous devez disposer d'un moyen tout neuf et très ingénieux pour couvrir de si longues distances, pas vrai ? »

Alors là, Eliot Doe comprit où Gloria Pickwick voulait en venir.

« Mais... c'est très dangereux ! fit-il.

– Soit, dit Gloria, seulement avons-nous des têtes de froussards d'après vous ? Nous ne craignons pas le péril, je vous le garantis. Nous ne serions pas arrivés jusqu'à chez vous, sinon. »

Eliot regarda avec dépit son vieux grimoire que parcourait toujours le lutin.

Harold s'approcha de l'homme.

« J'ignore de quel moyen parle Mrs. Gloria en ce moment, lui dit-il, mais je vous promets, monsieur Doe, que si vous parvenez à nous aider aujourd'hui, mes amis et moi nous reviendrons vous voir et nous vous raconterons tout.

– Tout ?

– Oui. La fin des magiciens, le départ des êtres fantastiques de ce monde, tout ce que vous avez si judicieusement deviné par vous-même.

– Alors, j'étais donc dans le vrai ?

– Vous l'êtes, monsieur. Et croyez-moi, cette vérité est une histoire sans équivalent, une his-

Sauver Noël

toire que l'on ne vous a jamais racontée et que vous n'avez jamais pu lire nulle part ! Vous serez le premier à l'entendre. Promis. »

Gloria sursauta :

« Et toi, Harold, tu la connais, cette vérité ? demanda-t-elle.

– Oui, fit le garçon en souriant. »

Elle hocha la tête et adressa un clin d'œil vers Eliot Doe :

« Décidément, ce garçon est impayable. Il cache son jeu. Qui sait ce que je vais encore apprendre sur son compte ? »

Eliot regarda tendrement le garçon et les lutins.

« Merci, leur dit-il. J'attendrai votre retour avec impatience. »

Soudain, il pivota sur lui-même, roula un des tapis usés qui couvraient son plancher et libéra une sorte d'écoutille.

« C'est par ici. Suivez-moi. »

Chapitre 15

Où les écrits de Mr. Eliot Doe se confirment

Un escalier étroit était creusé à même la roche et conduisait par une petite trentaine de marches à une sorte d'atelier secret. La cabane du conteur n'était en définitive qu'une façade. Eliot Doe profitait de beaucoup d'espace à l'intérieur de l'éperon rocheux où il s'était installé.

« C'est mon antre », expliqua-t-il.

Une grande pièce garnie d'outils, d'établis de menuiserie, de planches et de poulies, de tables à dessiner et de rayonnages remplis de livres et de manuscrits.

Eliot Doe ouvrit une large fenêtre qui plongeait à pic du haut de la falaise jusqu'à la mer déchaînée.

« Approchez. »

Harold et Gloria obéirent.

À leur grande surprise, ils découvrirent une sorte de toboggan qui descendait roidement jusqu'à la mer.

Sauver Noël

« C'est par là que vous allez vous baigner, monsieur l'écrivain ? demanda Gloria en plaisantant. Il faut un miracle pour ne pas se rompre les os, avec votre procédé.

– Non, ce n'est pas ça du tout », répondit Eliot.

Il sortit un sifflet de la poche de son chandail, émit des sifflements secs et cria : « Selma ! Selma ! »

Alors, sur la plage rocailleuse, là où se trouvaient des cabanes de bois miniatures, une grosse oie cendrée sortit et regarda vers la fenêtre, comme un chien hélé par son maître. D'autres oies se présentèrent à sa suite.

« Ah ! les oies ! dit Gloria. Je savais bien que j'avais raison ! »

Eliot Doe s'était retourné et avait rejoint l'autre bout de son atelier où il ouvrit les deux pans d'une sorte de portail.

Derrière apparut une étrange machine de bois.

« Voilà ma machine volante ! » s'exclama-t-il avec superbe.

Harold, stupéfait, regarda Gloria.

Elle lui expliqua que *Le Voyage du petit Léonard* racontait l'histoire d'un jeune orphelin qui, pour s'évader d'une pension où on le martyrisait, avait découpé dans un livre un croquis de Vinci et construit de ses propres mains une machine volante à sa taille. Il réussit à s'envoler comme un oiseau mais se perdit dans le ciel au-dessus des

Sauver Noël

mers. Il ne retrouva son chemin que grâce à une formation d'oies sauvages qui rentraient chez elles après l'hiver.

« Un point m'a toujours étonnée, avoua-t-elle à Harold. Cette histoire plaisait beaucoup à Robert Balmour. Il l'a fait lire par sa maîtresse à l'école et un grand concours a été organisé parmi les élèves pour reproduire, en miniature, la machine volante décrite par Eliot Doe dans son conte, d'après Léonard de Vinci.

– Et alors ?

– Et alors, toutes les machines volaient magistralement bien. Je me suis toujours dit qu'il était impossible que Doe ait imaginé une chose pareille ; il avait dû la tester par lui-même avant de la décrire si précisément dans son histoire. J'avais vu juste, non ? »

Eliot Doe tirait sur une corde qui libéra sa machine posée sur un rail roulant.

« Vous avez volé là-dedans, n'est-ce pas, Eliot ? demanda Gloria.

– Et comment ! J'ai plus de mille heures de vol à mon actif. Vous allez voir, ce modèle a été grandement amélioré depuis la rédaction du conte ! »

Harold observa dans son dos que les deux lutins se murmuraient des choses à l'oreille. Puis, sans s'expliquer, ils se dirigèrent vers la fenêtre et le toboggan.

« Eh là, où allez-vous ? » leur cria l'enfant.

C'était trop tard, les lutins avaient dévalé sur les fesses le long plan incliné.

Sauver Noël

« Alors, comment cela fonctionne-t-il ? » demanda Gloria.

Harold se retourna pour ne rien manquer des explications d'Eliot Doe.

« C'est bête comme chou, on s'arrime fermement sur ce siège en cuir, les ailes de la machine sont repliées pour le moment, on fait passer l'engin par la fenêtre, dès le début de la chute sur le toboggan, on déploie les ailes et on s'envole !
– Rien que ça ?
– Rien que ça. À condition de tout faire dans les temps. Sinon, c'est la tasse ! Dans les airs, pour se gouverner, il existe ce principe d'inclinaison des ailes. »

Il désigna un jeu de manettes reliées à des poulies.

« On tire à gauche pour aller à droite et vice versa. »

Harold regarda de quoi étaient constituées ces ailes. Elles étaient très colorées car leur surface était tapissée de toutes les sortes de plumes d'oiseaux qu'avait pu récolter le conteur. De la perdrix à la mouette en passant par l'étourneau et le goéland, rien ne manquait à sa machine. C'était fonctionnel, et c'était beau.

« Inventer une machine comme celle-là, dit Gloria, il n'y a vraiment qu'un auteur de contes pour avoir une idée pareille ! »

Harold s'inquiétait du procédé d'envol établi par Eliot Doe.

Sauver Noël

« Voilà qui est plutôt casse-cou, non ? crut-il devoir exprimer.
– Au fait, comment retrouve-t-on notre chemin dans les airs ? demanda Gloria qui faisait mine de ne pas avoir perçu l'inquiétude du garçon.
– C'est là que les oies interviennent ! dit Eliot avec joie. Voyez-vous, les oies planent et parcourent de vastes étendues dans leur migration : en étudiant leurs vols, je me suis aperçu qu'elles repéraient instinctivement les courants de vents chauds ascendants qui leur permettaient de se stabiliser en hauteur sans effort. À ma connaissance, l'homme ne possède aucun moyen de découvrir ces couloirs d'air à vue.
– En effet. C'est ingénieux, remarqua Gloria. Mais comment faites-vous avec vos oies ? Elles volent vraiment en votre compagnie ?
– Exact. Elles me suivent ! Elles se placent en formation de chaque côté des ailes. C'est idiot. Elles doivent penser que ma machine est une sorte de jars ! »

Eliot Doe ricana.

« Pas du tout ! »

C'était la voix d'un lutin qui venait de répondre.

Tous se retournèrent vers la fenêtre. Nos deux lutins étaient juchés chacun sur le cou d'une oie qui avait volé depuis la rive jusqu'à l'atelier.

« Pas du tout, reprit-il. Ces oies savent parfaitement faire la différence entre une vulgaire

Sauver Noël

machine de bois et l'une des leurs ! Si elles vous suivent, monsieur Doe, c'est parce que vous vous êtes toujours montré bon avec elles, aussi ne souhaitent-elles pas vous voir vous noyer dans les flots ou être taillé en lambeaux sanglants sur les toits d'un village.
– Comment ? Vous parlez avec les oies ? demanda Eliot ébahi.
– Oui, monsieur. »
Là, une des oies lança un long cri.
« Dans leur dialecte, traduisit le lutin, cela veut dire : " Idiot d'homme qui croit toujours être le seul à penser sur cette terre ! " »
Gloria eut un grand rire.
« Elle a du répondant, cette bête ! Elle me plaît ! »
Après quelques autres considérations techniques, Eliot Doe chercha parmi ses nombreuses cartes géographiques un plan de l'Irlande où trouver l'emplacement des îles Blasket.
« Voilà, c'est là, montra-t-il en désignant la pointe la plus à l'ouest du pays. C'est au bout de la péninsule de Dingle. »
Il alla glisser son nez par la fenêtre.
« En cette saison, le vent d'est souffle fort. C'est bon pour vous. Vous pourrez aller en Irlande. Mais vous ne pourrez certainement pas revenir ! »
Les lutins expliquèrent le plan de route aux oies et l'objectif de ce voyage.

Sauver Noël

« Alors, maintenant, tous en route ! lança ensuite Gloria. Enfin... en route... je ne connais pas d'autre expression plus appropriée pour ce voyage d'un genre nouveau. »
Elle tâcha de glisser ses jambes jusqu'au siège.
« Vous n'avez jamais voulu faire connaître votre incroyable invention, monsieur Doe ? demanda Harold.
– Bah ! J'ai bien essayé, mais personne ne m'écoute. Alors je l'ai conservée pour mon usage personnel. Cela fait des années que je vole à travers le monde à la recherche d'un troll ou d'un elfe qui n'aurait pas disparu... En vain. C'est toujours ma quête. Mais grâce à vous, elle est récompensée. Comme quoi, il suffit parfois de rester chez soi pour subir un miracle ! Cela me servira de leçon. »
Gloria s'installa péniblement dans la machine volante.
« Il n'y a pas de place là-dedans ! se plaignit-elle.
– C'est que vous êtes...
– Quoi ? Je suis quoi ? »
Doe allait dire : « Vous êtes un peu forte, madame Gloria », mais il n'osa pas, certain par avance de recevoir une gifle ou une gracieuseté de ce genre. Il préféra changer le système de ceinture pour l'adapter à la passagère.
Harold se glissa sur les genoux de la femme.
« Le poids ne va pas être un problème ? s'inquiéta-t-il.

Sauver Noël

– Je ne pense pas, répondit Doe. Peut-être au décollage, mais ensuite, l'amplitude des ailes est largement suffisante pour vous deux. Enfin, il ne faut pas oublier de les déployer !
– Ah ! le décollage quand même... »
Eliot Doe se pencha vers le garçon.
« Fais comme moi, mon petit, lui dit-il.
– Comment ça ?
– Ferme les yeux ! »
Ce conseil n'avait rien de rassurant.
Eliot Doe donna aux voyageurs d'épaisses couvertures, des bonnets de cuir fourrés et des paires de lunettes de sa confection.
« Allez, c'est parti ! cria-t-il enfin. Excellente chance à vous quatre. Bon voyage. On se retrouve à votre retour... ou bien sur la grève en bas dans quelques secondes. Ah ! »

*

Que dire à présent de ce décollage improbable ? Ma foi, les premiers instants furent les plus pénibles : la machine refusait d'avancer sous le poids conjugué de la gouvernante et de l'enfant, il fallut que les deux oies pilotées par les lutins saisissent dans leur bec des cordes assujetties à l'engin volant pour l'extraire de force du rebord de la fenêtre. Grâce à leurs efforts, la machine fila sur la rampe glissante du toboggan.
Harold cria.

Gloria cria.
Les lutins crièrent.
Eliot Doe se mordait le poing.
« Les ailes ! Les ailes ! » cacardaient les oies.
La gouvernante des Balmour tira la poulie : la voilure artificielle se déplia avec grâce, prit le vent dans un grand floum ! et, d'un coup, arracha la machine à l'attraction terrestre.
Lorsque Harold rouvrit les yeux, ils volaient sur les eaux. Toutes les oies les avaient rejoints. Et, chose sans précédent, elles attrapèrent les cordes qui devaient servir pour le décollage, et tirèrent dessus afin de faire grimper la machine dans les airs.
Gloria et Harold prirent une vitesse folle et disparurent dans les nuages.
« Alors ça ! grommela Eliot Doe en voyant cette nouveauté, moi, je n'ai jamais eu le droit à un pilotage automatique de cette sorte !... Les veinards ! »
Il referma la fenêtre de son atelier.
Mais il n'était pas le seul ce jour-là à avoir observé l'envol et la disparition dans le ciel de l'engin de Gloria et de Harold. À quelques dizaines de pas de sa cabane isolée, deux silhouettes avaient aussi tout vu.
Un petit homme noir, très nerveux, qui ne tenait pas en place. Et une longue silhouette sombre immobile à ses côtés.
Le baron Ahriman !

Sauver Noël

« J'ai fait tout ce que j'ai pu, maître, gémissait le petit. Je ne les ai pas quittés d'une semelle depuis leur départ de Londres. J'ai entravé tous les moyens de locomotion à Falmouth, comme vous me l'aviez prescrit... mais là!... Je ne pouvais pas prévoir cela! Une machine volante! »

Le baron resta un long moment silencieux à observer le ciel.

« Cela n'est rien, reprit-il enfin. Tu as fait du bon travail dans l'ensemble. Tu peux te reposer; à partir de maintenant, c'est moi qui reprends la main. »

Là-dessus, le baron Ahriman écarta ses longs bras et s'envola comme un oiseau malfaisant dans le sillon exact de nos amis.

Chapitre 16

*Où Gloria découvre la Taverne
du marin pochetron*

Le ciel était couvert d'épais nuages ; Harold et Gloria furent tout d'abord terrifiés par l'importance des perturbations et des trous d'air qu'ils enduraient. La machine de bois était secouée comme une feuille morte. Les oies tiraient de toutes leurs forces l'engin pour lui faire gagner de l'altitude.

La traversée des nuages fut épique. Harold découvrit des pains de glace en suspension qu'ils évitèrent de justesse. Par deux fois, il crut que la voilure allait se déchirer ou se retourner.

Mais soudain, dès qu'ils eurent franchi le manteau nuageux, ils furent éblouis par un soleil éclatant et un ciel bleu comme ils n'en avaient pas vu en Angleterre depuis de longs mois.

« C'est magnifique ! » s'exclama Gloria.

Les perturbations avaient cessé, tout était calme, silencieux, le bois de la structure avait

Sauver Noël

arrêté de crisser, les nuages blancs faisaient comme une mer paisible sous les pieds des aventuriers.

Les oies se relayaient pour conduire la machine volante. Elles s'étaient disposées en V dans le prolongement des ailes artificielles.

La traversée débuta ainsi et elle fut ininterrompue.

Les deux lutins plongeaient parfois vers les terres avec leurs oies respectives et remontaient quelques heures plus tard munis de victuailles et d'eau fraîche pour la femme et l'enfant. Jamais la machine ne toucha le sol pendant le franchissement de la mer et le vol au-dessus de l'Irlande.

Nos amis ne virent rien du paysage de cette belle île. Les nuages étaient toujours présents, compacts, impénétrables. Les seules variations de décor qu'ils observèrent furent les levers et couchers du ciel, sublimes. Et le ciel de nuit étoilé.

Le vol dura plusieurs jours.

Lorsqu'une des oies annonça aux lutins que la destination était proche, Gloria et Harold se demandaient si, ankylosés comme ils l'étaient dans leur siège, ils arriveraient seulement à se remettre debout sur leurs jambes...

L'atterrissage fut une nouvelle paire de manches critique.

De retour sous les nuages, il pleuvait dru et le vent d'est soufflait comme jamais.

Sauver Noël

La descente ne se passa pas comme prévu, la machine perdit trop d'altitude et ils durent se poser sur la côte irlandaise, dans un pré de moutons, pas très loin de Dingle. Une fois encore, ce fut l'habileté des oies qui permit à Gloria de négocier une telle manœuvre. Sans elles, nos amis se seraient ni plus ni moins écrasés au prix de leur vie.
Lorsque tout le monde fut à terre, il y eut un moment de silence et d'immobilisme. Les oiseaux étaient épuisés. Harold sauta hors de la machine. Pour Gloria, ce fut plus long et plus douloureux.
« Ah! vieille chose que je suis! » gémit-elle en entendant craquer ses articulations.
Aussitôt qu'elle fut enfin remise sur pied, elle se sentit bizarre. Non pas ce mal de terre que ressentent les marins au long cours, mais plutôt...
« La ceinture de ma robe ne tient plus! » s'exclama-t-elle.
Harold sourit.
« Je crois que vous avez perdu un peu de poids pendant cette aventure, madame Gloria.
– Quoi? »
La femme se tâta de partout. En effet, elle avait fondu.
« Mais c'est horrible, cria-t-elle. Je vais faire pitié!
– Euh... je n'irai pas jusque-là tout de même.
– Si! Je suis un fil de fer! »
Gloria n'avait perdu que six ou sept kilos mais, pour elle, c'était rejoindre la cohorte des sil-

houettes maladives qui fleurissaient tant dans la société des jeunes filles londoniennes.

« C'est horrible ! Je ne peux pas rester comme cela ! Mon Dieu. »

Passé cet effroi, l'on estima la situation. Non loin d'eux, la mer était déchaînée. À l'horizon, dans la brume, on apercevait confusément des silhouettes sombres qui devaient être les îles Blasket.

« Nous devons nous renseigner, estima Gloria. Harold, reste ici avec les oies et la machine. Il ne faut pas que quelqu'un s'en approche. Moi, je vais me porter à la ville et tâcher d'en savoir plus. »

Là-dessus, elle partit pour Dingle.

Ce gros village de pêcheurs semblait plus déserté encore que Falmouth. Le mauvais temps empêchait toute sortie en mer. Les maisons et les rues étaient vides.

« Eh bien, quoi ? C'est une ville fantôme ? »

Non, Gloria, les gens d'ici n'avaient pas fui, ils s'étaient seulement rassemblés pour passer la journée, comme d'habitude, dans... la taverne du coin !

La Taverne du marin pochetron.

« En voilà un nom ! »

Gloria entra.

Que de marins, que de cris et que de fumée ! Notre amie se faufila péniblement dans la cohue. Tout Dingle était là à boire de la bière et à tirer depuis sa pipe d'épaisses volutes bleues.

Sauver Noël

Gloria se dénicha une place au comptoir et, en lorgnant les quelques plats cuisinés qui passaient près d'elle, commanda un mouton braisé entier.
« Entier, ma'am ? demanda la serveuse incrédule.
– Vous m'avez entendue. Entier ! »
Elle fut servie selon son désir.
Méthodiquement, Gloria attaqua la bête. Traumatisée par sa perte de poids, elle avait résolu de se rattraper au plus vite.
Les marins du coin se donnèrent du coude pour attirer l'attention des uns et des autres sur cette étrangère qui ingurgitait si consciencieusement son mouton. Une femme de si bon appétit était considérée dans ces coins d'Irlande comme très séduisante. Certains s'approchèrent et se mirent à la regarder avec des yeux trop tendres pour être honnêtes.
« Où se trouve la grande Blasket ? demanda-t-elle au tavernier.
– Vous avez un chapelet d'îles en face de Dingle qui portent ce nom. La plus grande est la troisième en remontant vers le nord.
– Merci, tavernier.
– Mais vous ne vous y rendrez certainement pas en cette saison. Les îles sont inaccessibles jusqu'au printemps. La mer ici ne fait pas de quartier !
– Cela, c'est mon affaire. »
Et elle mordit vigoureusement dans une cuisse dégoulinante de graisse.

Sauver Noël

Mais soudain une jeune fille, sans doute la fille du maître des lieux, passa près d'elle avec un plateau encombré de pintes d'ale qu'elle servit à des hommes qui jouaient aux cartes.

Gloria sentit aussitôt son cœur gros.
Elle songea à Zoé.
« Ma pauvre petite, se dit-elle, où en es-tu aujourd'hui ? Es-tu en bonne santé ? Et le lord et les enfants et lady Balmour ?... »
Elle exigea un bout de papier et un crayon, et écrivit, sans cesser de se nourrir, une lettre à sa fille en lui contant ses dernières aventures.

Elle paya le tavernier pour qu'il la poste en direction de Lexington, dans la banlieue de Londres.

« Ce sera fait, ma'ame. »

Ce fut à ce moment que Gloria aperçut les regards pleins d'amour de quelques marins auprès d'elle.

J'ignore si c'est le commerce permanent avec la mer qui veut cela, mais il se trouve que les hommes présents dans cette taverne, jeunes ou vieux, avaient tous une tête qui faisait référence à la faune maritime. Si je dis qu'Untel affichait une tête de mérou, de cachalot ou de murène, je pense que le lecteur aura compris de quelle physionomie je veux parler. Eh bien, les prétendants de Gloria portaient tous ce type de faciès assez peu attractif.

« Dites donc, les jolis cœurs, leur lança-t-elle soudain, allez adresser vos œillades un peu plus

Sauver Noël

loin si vous ne voulez pas tâter de ma main droite ! Malotrus, va ! »

Le mouton presque achevé, elle conserva un morceau pour Harold et décida de ne pas s'éterniser dans ce repère du vice.

Mais ce qui devait arriver arriva : alors qu'elle passait entre les clients pour atteindre la porte, l'un d'eux, fou d'amour sans doute, ne put s'empêcher de lui pincer une fesse.

Le malheureux !

Ce ne fut pas une gifle qu'il reçut, mais un véritable coup de poing de bûcheron qui lui aplatit le nez. La main de Gloria s'était changée en boulet de canon.

Le pauvre, quoique bâti comme le sont les harponneurs, valdingua tel un épouvantail.

Les tavernes irlandaises ont cela en commun avec les cabarets parisiens ou les saloons d'Amérique qu'à la moindre empoignade lancée quelque part, toute l'assistance se met d'emblée à se cogner dessus sans plus de raison valable. En un éclair, *La Taverne du marin pochetron* se retrouva sens dessus dessous. Des tables et des verres volèrent, tout le monde se sautait au cou avec la plus grande violence, les corps évanouis se faisant piétiner par les autres combattants.

Gloria atteignit laborieusement la sortie.

« Des dingues à Dingle ! » se dit-elle en déguerpissant.

Sauver Noël

Harold et les lutins n'avaient pas perdu leur temps. Ayant jugé qu'il fallait réemployer la machine volante pour atteindre les îles d'en face, ils avaient cherché un moyen pour la faire décoller une nouvelle fois.

« Eliot Doe, malgré toute son ingéniosité, semble ne jamais avoir pensé à accoler des roues à son engin ! dit Harold à Gloria. Avec les lutins, nous sommes allés défaire en secret trois brouettes dans une ferme voisine, et voilà. »

Voilà, en effet ! Après avoir longuement parlementé avec les oies, par l'intermédiaire des lutins, il fut décidé qu'elles fourniraient un dernier effort titanesque pour tâcher de tracter la machine volante jusqu'à ce qu'elle prenne l'air.

Inutile de dire qu'il y eut un grand nombre de ratés dans cette entreprise. Les Irlandais limitaient leurs champs respectifs par des murets de pierres sèches ; plus d'une fois, le bois de la machine manqua de se rompre dessus.

Mais enfin, tournés bien face au vent, Gloria et Harold reprirent leur envol jusqu'aux îles Blasket.

« Allons sur la troisième, la plus grande », avait averti la gouvernante.

Les oies étaient recrues de fatigue. L'atterrissage s'en ressentit fortement : il fut si violent que le train de la machine se brisa en mille morceaux.

« Diable ! dit Harold. Nous ne sommes pas près de repartir d'ici. »

Il n'y avait aucun arbre sur l'île, donc aucune possibilité de reconstruire les pièces endomma-

Sauver Noël

gées. Blasket avait la forme d'une petite colline entièrement recouverte d'une herbe d'un vert éclatant. Au printemps, les bergers du littoral amenaient leurs moutons par bateau jusqu'ici et les laissaient brouter le temps de la bonne saison. Cette herbe gorgée d'embruns et de sel marin donnait à leur viande un goût fameux réputé jusqu'à Paris.

Mais aujourd'hui, hormis un hameau d'irréductibles qui comptait six à huit personnes, l'île était déserte.

Gloria repéra les ruines d'un monastère sur le flanc nord.

« Allons, dit-elle à Harold. Si tes amis les lutins sont encore ici, nous allons bientôt les découvrir ! »

Chapitre 17

> – *Dites-nous, monsieur le conteur, où puisez-vous toutes vos idées ?*
> – *Ma foi, cher lecteur, je fais comme d'habitude : je les trouve sous le sabot d'un cheval !*

Le monastère était une ruine. Rien à voir avec ces lieux abandonnés depuis quelques années, ou même quelques générations ; là, il ne subsistait plus que deux murs branlants, des entassements de pierres éboulées, une vague silhouette de tour en partie effondrée et quelques marches ensevelies sous les herbes et les décombres.

Harold et Gloria examinèrent les vestiges.

« Pas l'ombre d'un lutin dans le coin, observa la femme.
– Hélas !
– Combien sont-ils ?
– Mille. »

Gloria sursauta.

« En effet... c'est plutôt mal engagé... »

Sauver Noël

D'ici, l'on pouvait embrasser toute l'île du regard : aucune trace d'un lutin, ni d'un ni de mille !

Harold soupira.

« Trop tard ? »

Le garçon était à deux doigts de prendre sa tête entre ses mains et de gémir comme à Falmouth, mais Gloria lui adressa un regard lourd de reproches qui disait : « N'y songe même pas, mon gaillard ! Nous allons nous sortir de là ! »

Les deux lutins se désolaient aussi. Gloria leur adressa cet ordre :

« Vous deux, tâchez de grimper en haut de cette tour branlante et dites-nous ce que vous apercevez sur les îles voisines. »

Les lutins, un rien inquiets des dangers de l'entreprise, obéirent néanmoins. Gloria se retourna vers Harold.

« Nous allons rencontrer les habitants du coin et trouver un moyen de visiter toutes les îles de l'archipel. Tes amis sont peut-être ailleurs ? Pas question de renoncer si vite, en tout cas, pas avant que toutes les possibilités n'aient été épuisées. Il nous reste une chance, mon petit. »

Le ton que prenait la voix de Gloria, autant que sa résolution naturelle et son optimisme chevillé au corps, avaient cette faculté de redonner foi ; cette femme était capable d'insuffler de la vie à un os !

Les deux lutins gravirent les ruines avec précaution. Le vent sifflait en se glissant dans

Sauver Noël

l'interstice des pierres et il leur semblait toujours qu'un simple coup de grain un peu appuyé suffirait à tout réduire à plat comme un château de cartes.

« Quelle aventure, tout de même ! s'exclama le premier. Crois-tu que nous retrouverons nos frères ?

– Je n'en ai pas la moindre idée. Tout cela me semble assez mal parti, malheureusement. Mais cesse donc de poser des questions et occupe-toi plutôt de poser ton pied là où il convient.

– C'est une drôle de dame que cette Gloria, tu ne trouves pas ?

– Je ne suis pas loin de penser que c'est surtout celle qu'il nous fallait dans cette histoire. Cela me rassure un peu. Peut-être que toute cette aventure est écrite ?

– Oui... Alors, espérons que le rédacteur sache où il va.

– Espérons... »

Ils arrivèrent péniblement au faîte de la tour.

« Alors, que voyez-vous ? » leur lança Gloria quinze mètres plus bas.

Comme nous le savons déjà, la brume n'épargnait pas le paysage en cette saison. Seul le dessin ombré de l'île la plus proche se dessinait vers l'ouest.

Les lutins étrécirent leurs yeux pour mieux voir le contenu de la rive. Soudain, à force de concentration et de persévérance, l'un d'eux aperçut quelque chose.

Sauver Noël

« Là !
- Là ? Là, quoi ?
- Tu ne vois pas ?
- Où ?
- Ça m'a tout l'air d'être... »
Gloria s'impatientait en bas.
« Alors quoi ? Rien à l'horizon ? cria-t-elle.
- Si, madame, répondit le lutin en criant lui aussi. Je vois un autre monastère !
- Des signes de vie ?
- Non, c'est une ruine aussi. Mais il y a une tour du même type que la nôtre. Sans doute que les deux monastères ont été bâtis pour pouvoir communiquer entre eux.
- Communiquer ? »
Le lutin regarda son ami.
« Il faut que nous fassions un feu ! »
Et un feu, ils firent. Un peu d'herbe sèche et quelques tours dignes de lutins, puis une petite flambée s'éleva en haut de la tour. À ces courtes flammes, les deux lutins ajoutèrent quelques cheveux arrachés de leur tête et des poils issus douloureusement des profondeurs de leur nez. Au contact du feu, ces deux extraits de pilosité de lutin libérèrent une gigantesque flambée. Mais les flammes n'avaient plus leur couleur habituelle, elles scintillaient de vert et de rose !

« Mais qu'est-ce qu'ils fabriquent ? demanda Gloria en voyant le curieux incendie en haut de la tour.

Sauver Noël

– Ils font un signal typique des lutins. Eux seuls peuvent donner ces tons à la flamme. Si des lutins se tiennent sur l'autre île en face, ils se reconnaîtront aussitôt.

– Ah bien ! Décidément, on en apprend tous les jours avec vous ! »

Gloria n'avait pas tort, les propriétés singulières du poil de lutin ont toujours été négligées par les experts contemporains des mythes anciens. Et c'est un comble !

On attendit longuement sans que rien se produise sur l'autre île.

« Il nous reste à aller interroger les habitants, dit Gloria. Et à inspecter les accidents du rivage, pour voir si une grotte ne vous aurait pas échappé !

– Harold ! Madame Gloria ! crièrent les lutins. Ça y est ! Ils nous ont répondu ! »

En effet, un feu identique venait de s'élever sur la tour lointaine.

« Ils sont là ! Ils sont bien là-bas ! Nous les avons retrouvés ! »

La joie saisit Harold et Gloria. Comme après un long effort, un poids sembla s'évanouir dans leur ventre. L'avenir devenait soudain prometteur.

Seulement, le soufflé retomba vite.

« Attendez, comment allons-nous les rejoindre sur leur île ? s'inquiéta Harold. La mer est déchaînée ! Et les côtes sont pierreuses. De véritables éperons pour éventrer des bateaux !

Sauver Noël

– Il doit bien exister un moyen quelque part. » Mais peu de temps après, les lutins perchés partirent dans de nouvelles tirades enjouées :
« Ils viennent à nous ! La flamme se déplace ! Elle bouge. Elle est en route pour notre île.
– Alors voilà, dit Gloria ravie, c'est eux qui ont trouvé le bon moyen ! »
Les deux lutins avaient rejoint la femme et le garçon et tous se mirent à fêter la nouvelle en poussant de grands cris.
« Toute cette aventure n'aura pas été inutile !
– Nous n'avons pas souffert pour rien !
– Les lutins sont de retour ! Les lutins sont de retour ! »
Curieusement, Gloria était la plus enjouée de la bande. C'était que pour elle, le fait d'accueillir des aides supplémentaires accréditait son espoir de pouvoir bientôt s'en prendre directement au funeste locataire du 6 *bis*, Collins Square et de retrouver les siens à Londres !

Harold et les lutins se tenaient par la main et dansaient en dessinant des cercles. Sans hésiter, Gloria se joignit à eux.

À plusieurs reprises, les lutins remontèrent sur la tour pour vérifier la progression de leurs amis.

« Ils doivent avoir bâti une nef pour être venus jusqu'en Irlande. C'est avec elle qu'ils nous rejoignent maintenant. »

Gloria n'hésita plus à lancer à pleine voix un chant de victoire célèbre en ce temps : *I told you so* !

Sauver Noël

« Mais quel est donc tout ce tapage ? »
Une voix venait de crier et de stopper net les emportements joyeux de nos amis.
Un petit bonhomme apparut entre les ruines du monastère. À l'endroit des marches cariées, un éboulis avait été déplacé et découvrait un passage secret.
Le nouvel arrivé était un lutin.
Et pas n'importe lequel. Le chef de la colonie chère à Harold. Lorsqu'il vit le petit garçon, le lutin fit une tête plus ébahie encore que celle de nos quatre amis.
« Harold ! Mon petit Harold ! Tu es sauvé ! Tu es ici ! »
Le garçon s'approcha.
« Vous aussi ! dit-il.
– Oui ! Nous sommes cachés dans le souterrain du monastère. »
Harold et les deux lutins sautèrent au cou du chef.
Gloria, dans son coin, fronça les sourcils et cessa de sourire.
« Une minute ! leur lança-t-elle. C'est bien joli tout cela, mais alors... qui est sur l'île d'en face ? Et ce signal propre aux lutins, qui l'a allumé ? »
La joie quitta les visages d'Harold et des trois lutins.
« C'est vrai... qui cela peut-il être ? »
Gloria lança à Harold un regard inquiet.
« Ahriman ! »

Sauver Noël

Le chef bondit.
« Quoi ? Ahriman est ici ?
– Cela ne fait aucun doute, répondit la femme. Qui d'autre ? Il nous tend un piège !
– Alors il faut déguerpir d'ici. »
Les lutins observaient l'horizon.
« Vite ! dirent-ils. Il est presque là. »
Le chef se retourna vers l'entrée de sa cachette.
« Suivez-moi. »
Harold et les deux lutins s'engouffrèrent après lui. Le passage était très étroit, Gloria s'y glissa de justesse.
« Heureusement que vous ne faites pas un kilo de plus, lui dit le chef, vous ne seriez jamais passée !
– Trop aimable. »
Le passage donnait sur le reste de l'escalier détruit qui était demeuré intact dans sa partie inférieure. Il n'y eut bientôt plus du tout de lumière. Le chef les arrêta après la dernière marche.
« N'allez pas plus loin. Nous y sommes. Tout le monde est là.
– Comment cela, tout le monde ? » demanda Gloria.
Il faisait nuit noire.
« Vous avez rejoint la colonie, dit le chef.
– Vous voulez dire que là, près de moi, fit Gloria, il se trouve mille autres lutins ?

Sauver Noël

– Tout à fait, madame. »
Le chef éleva la voix :
« Les amis, écoutez-moi, Harold est de retour parmi nous ! »
Aussitôt, un grand murmure sembla résonner comme dans une cathédrale. Mille murmures de joie de lutins !
« C'est incroyable, se dit Gloria, jamais personne ne me croira lorsque je raconterai cela. C'est une aventure absolument farfelue. Même Zoé va me prendre pour une folle. »
« Vous n'avez pas de lumière ? demanda Harold.
– Non, répondit le chef. Nos dernières bougies se sont consumées depuis longtemps.
– Plus de poils dans les narines ? » plaisanta la gouvernante. Mais personne n'avait le cœur à rire.

La pierre d'accès avait été remise à sa place, seulement Harold et Gloria demandèrent à ce qu'un interstice soit laissé libre en haut de l'escalier afin de pouvoir jeter un œil et vérifier que c'était bien Ahriman qui les pourchassait.

L'indigne silhouette du baron ne tarda pas à apparaître dans les ruines du monastère, à l'endroit même où Harold et ses amis avaient dansé de joie.

« Mon Dieu ! murmura le chef lutin. C'est bien lui.

– Ah ! J'aimerais sortir pour lui passer un bon savon, gronda Gloria.

Sauver Noël

— Surtout pas, répondit le chef. Ici, sans témoins, il est libre de déployer tous ses pouvoirs. S'il nous trouve, c'en est bel et bien fini de nous tous. »

Le baron marchait lentement, observant le sol comme s'il inspectait des traces de pas. Vu de l'angle d'Harold et de ses amis, il paraissait plus grand et impressionnant qu'à Collins Square.

Soudain, il s'approcha des marches !

Nos amis retinrent leur souffle.

Le baron Ahriman ricana.

« Comme vous êtes amusants, vous autres ! On dirait des enfants qui jouent à cache-cache. »

Il passa sa main à travers la fente des pierres.

Gloria et Harold et les lutins reculèrent jusqu'en bas des marches.

Mais la main les *suivait* !

Arrivés dans l'abri avec les autres lutins, nos amis durent interrompre leur retraite.

La main se tenait paume ouverte, et en son cœur brillait une petite lumière, une boule de feu. Cet éclat n'avait rien d'aveuglant et pourtant il éclairait comme cent flambeaux ! Toute la salle s'illumina : Harold et Gloria découvrirent pour la première fois les mille visages apeurés des lutins... Ils comprirent aussi que la salle était une grotte constituée de murs écroulés et qu'il n'existait pas une seule sortie possible pour s'échapper d'ici.

La boule dans la main d'Ahriman s'agrandit et subitement, la personne du baron apparut à sa place, en miniature. Le bras d'Ahriman s'était incroyablement allongé pour suivre nos amis et voici maintenant que le baron se matérialisait au creux de sa propre main !

Il regarda autour de lui et partit d'un grand rire sonore absolument glaçant, un rire diabolique qui résonna contre les parois.

« Vous me facilitez les affaires, à ce que je vois, dit-il en considérant la grotte. Vous avez choisi votre geôle ? C'est bien. Personne ne peut s'évader. C'est encore mieux. Ce sera votre sanctuaire. Je n'aurai donc pas à vous exterminer les uns après les autres. C'est plus commode. Je suis fainéant de nature, et vous êtes bien trop nombreux... »

Gloria fit un pas dans sa direction.

« Veux-tu bien nous laisser en paix, engeance de malheur ? lui lança-t-elle, à la grande frayeur de tous les lutins qui restaient pétrifiés devant l'apparition du diable.

– Engeance de malheur ? répéta Ahriman. Cela me plaît comme insulte, il faudra que je m'en ressouvienne. Hélas ! vous ne serez plus là pour me rappeler ce bon mot, madame Pickwick. J'en ai fini avec vous ! Puissiez-vous connaître une mort lente et douloureuse. Pardonnez-moi de ne pas passer plus de temps en votre compagnie, mais au vrai, pour être sincère, je n'ai rien de précis à vous dire ! »

Et là, d'un coup, il disparut. Un grondement terrible accompagna cet évanouissement. Toutes les ruines supérieures s'écroulèrent, la tour chuta et ses pierres bloquèrent à jamais la seule sortie possible pour nos amis...

L'écho de l'écroulement se répercuta longuement, comme un clap de tonnerre, puis un silence pesant s'installa dans la nuit qui enveloppait Gloria, Harold et les lutins.

Leur destin était scellé. Ils allaient périr dans cette grotte !

La voix de Gloria s'éleva tout à coup, et elle dit cette chose horrible :

« Maintenant, Harold, je t'autorise à gémir. Pour le coup, notre situation est compromise. »

Personne n'osa répondre.

Chapitre 18

Je vous ai déjà fait le coup : « Bon, ben, là... vous verrez bien ! »

Aucun des prisonniers ne cria. Pas un ne se plaignit. C'était peut-être une atmosphère encore plus dure à supporter que des larmes et des jérémiades : on savait si bien que l'on allait disparaître, qu'il n'y avait plus moyen même de se révolter. Affreux...

« Mon Dieu, comment cela est-il arrivé ? murmura Harold. Comment en sommes-nous arrivés là ? »

Le chef des lutins expliqua le moyen dont, selon lui, Ahriman avait usé pour dénicher la fabrique de jouets secrète du père Noël.

« Ses hommes se sont servis de l'échange de lettres entre les enfants et le père Noël.

– Les lettres où les enfants désignaient leurs cadeaux ? demanda Gloria.

– Oui, madame, dit le chef. Ils ont rédigé une fausse lettre. Par je ne sais quel signal piégé de

Sauver Noël

leur invention, ils l'ont suivie à la trace et nous ont débusqués ! Peu après, le carnage a eu lieu. À la suite de ton enlèvement, Harold, ils ont détruit toutes nos machines, ravagé notre village. Nous avons réussi à nous enfuir de justesse. Mais ils ont fait prisonniers les rennes volants.

– Et le père Noël ? s'inquiéta Gloria. Où est-il à présent ?

– Personne ne peut le savoir, lui dit Harold. Il n'était pas sur place le jour de l'arrivée des hommes en noir.

– Mais, sans nous, il ne reparaîtra plus, vous pouvez en être sûre, madame », déplora le chef.

Gloria entendit des pleurs derrière elle, dans l'assistance des lutins. L'abandon du père Noël les affectait plus que leur mort prochaine.

« Pourquoi le baron Ahriman fait-il tout cela, bon sang ? grogna-t-elle.

– C'est la véritable question ! grommela le chef. Malheureusement, nous ne détenons aucune réponse...

– Peut-être simplement parce qu'il est méchant, dit Harold. »

Un silence pesant retomba dans l'abri. Gloria pensait à Zoé, Harold à ses amis, les lutins au fait qu'ils ne confectionneraient plus jamais de beaux jouets pour faire plaisir aux enfants.

Mais alors là, au moment où leurs pensées se faisaient les plus noires, un point lumineux apparut de nouveau dans la salle obscure.

Sauver Noël

D'abord à peine perceptible, il finit par attirer l'attention de tout le monde.

« Je croyais que vous n'aviez plus de lumière ? dit Harold étonné.

– En effet, confirma le chef. Eh là, quelqu'un a-t-il encore une bougie sans que je le sache ? »

Mais personne ne répondit.

La lumière, assez proche dans son éclat magique de celle apparue dans la sinistre main du baron Ahriman, se développa lentement. Tous les lutins s'écartaient, terrifiés. On redoutait le retour du diable. Mais une silhouette différente se dessina en son cœur. Une jeune femme.

Gloria poussa un cri de surprise.

Elle venait de reconnaître Claire, la petite chambrière du 2, Collins Square !

« Par tous les saints et les damnés de la terre, que fabriques-tu ici parmi nous, ma pauvre enfant ? » lui demanda-t-elle sur un ton de reproche.

La fille fit un bref mouvement négatif de la tête.

« Je ne suis pas Claire. »

Une nouvelle fois, Gloria laissa échapper un cri de stupéfaction. La voix de l'apparition n'était pas du tout celle de Claire ! C'était l'ange qui l'avait si brutalement gourmandée dans sa cuisine.

« Je m'appelle Esclarmonde, reprit la personne pour les lutins. Je suis un esprit qui s'est provi-

Sauver Noël

soirement incarné dans l'enveloppe charnelle de Claire. J'étais venue pour observer le baron et pour aider Gloria. »

Esclarmonde posa un regard tendre et compatissant sur les pauvres lutins.

« Vous êtes venue pour nous sauver ? s'enquit Harold. Vous pouvez nous tirer de là ?

– Hélas non, répondit Esclarmonde. Comme tu le sais, Harold, depuis notre départ, les êtres de ma race n'ont plus aucun droit d'intervenir directement dans les affaires des hommes [1].

– Enfin là, voulut négocier Gloria, à vue de ratio, c'est plutôt une affaire de lutins, hein ! Vous pouvez bien faire comme si Harold et moi n'étions pas là, non ?

– Ce n'est pas aussi simple, Gloria. Nous autres avons agi l'an dernier sur cette Terre... »

Elle regarda Harold. Il baissa les yeux.

« ... et nous en payons aujourd'hui le prix en ayant donné à Ahriman une occasion de revenir. Nous ne commettrons pas deux fois la même imprudence. Pas d'action directe de notre part, donc.

– Alors quoi ? insista la gouvernante. Nous allons rester là à sécher comme des abricots ? Vous m'avez l'air de disposer d'un paquet de pouvoirs, je suis convaincue que d'un simple

---

1. Voir le chapitre « Où l'on traite de la regrettable disparition des fées, des anges et des petits lutins dans les sociétés modernes » in *Une seconde avant Noël*.

claquement de doigts, vous pouvez nous faire retrouver l'air libre ! »

Harold prit la main de Gloria pour la calmer et lui laisser entendre qu'il fallait écouter ce que l'esprit était venu leur dire.

« Il m'est défendu d'agir, répéta Esclarmonde, vraiment. En revanche, vous, vous pouvez vous en sortir.

– Et par quel moyen ? » demanda le chef.

Esclarmonde sourit.

« Le diable sera toujours le diable, fit-elle en parlant du baron. Il est très théâtral dans tout ce qu'il fait, mais très peu méticuleux. Heureusement pour nous du reste, il commet des erreurs qui l'empêchent toujours d'atteindre ses objectifs. Aujourd'hui encore, comme d'habitude, il a agi trop vite, par goût du spectaculaire ou pour faire un bon mot. Il vous a vus tous enfermés et cela a suffi à sa vanité de triomphe. Mais s'il avait pris le temps d'inspecter l'endroit, il aurait découvert cela ! »

Elle étendit son bras et désigna dans un coin un grand nombre de pioches et de bougies empilées.

« Mais cela n'était pas là avant ! dirent les lutins.

– En effet, répondit Esclarmonde, l'air malicieux, seulement, comme on dit chez les humains : pas vu, pas pris. Personne ne pourra m'accuser, je pense. À vous maintenant de vous dégager une sortie.

Sauver Noël

– Mais cela va prendre un temps monstre ! protesta Gloria.
– Cela mettra le temps qu'il faudra, lui dit l'esprit. Bonne chance, les amis. Je ne peux rien d'autre pour vous. »
Sur ce, elle disparut, non sans avoir émis une dernière indication mystérieuse : « Si vous le pouvez, rejoignez le bourg de Littlehampton dans le Sussex ! »
Littlehampton ?
Aussitôt, les lutins se précipitèrent pour allumer les bougies et commencer les travaux de déblaiement. Mais, comme le craignait Gloria, la roche était dure et dense.
« Hé bé ! fit-elle, on n'est pas rendus ! »

Chapitre 19

Devant un océan, il y a ceux qui vont s'imaginer des voyages merveilleux et d'autres qui n'y verront que le mal de cœur qui les attend.
Devant un ciel étoilé, il y a ceux qui sentiront partout des mondes porteurs de vie et d'autres qui n'y verront que du vide béant et silencieux.
Chacun croit à l'invisible selon sa nature.

Trois jours plus tard, sans boire ni manger pour Harold et Gloria, les lutins avaient percé le passage dans la roche pour atteindre l'air libre sur la grande Blasket. Mais ils durent rajouter quelques coups de pioche afin d'élargir l'accès pour Gloria Pickwick.

Enfin tous libérés, la question se posa :
« Et maintenant, que fait-on ? »
C'est le jeune Harold qui indiqua la marche à suivre :

Sauver Noël

« Nous avons trois choses à accomplir : renverser le baron Ahriman, retrouver les rennes volants et retourner au pôle Nord pour rebâtir le village et la fabrique de jouets afin de sauver Noël. »

Tout le monde approuva. Harold poursuivit :

« Nous sommes trop nombreux. Les mille lutins ne peuvent se déplacer à travers l'Irlande et l'Angleterre sans se faire remarquer et nous attirer des ennuis. Je propose que la plus grande partie d'entre vous parte pour regagner le pôle et lance le chantier de reconstruction. Mais choisissez un nouvel endroit et, cette fois surtout, enfouissez l'ensemble sous la terre ! Nous ne devons plus courir le risque d'être repérés. Jamais.

– D'accord avec toi », dit le chef des lutins.

Il fut décidé que sur les mille lutins, deux cents seulement resteraient avec Harold et Gloria pour s'occuper d'Ahriman.

« Mais, deux cents, c'est déjà beaucoup trop, protesta la gouvernante. La première personne qui va surprendre ces petites silhouettes aux oreilles pointues va crier si fort qu'on l'entendra d'ici à Buckingham Palace !

– Peut-être, mais nous devons courir ce risque. N'oubliez pas, Gloria, que ces lutins ont l'apparence d'enfants. Il va falloir trouver des habits, des bonnets et des visières en masse pour qu'on les confonde avec de petits humains. C'est

Sauver Noël

notre seul moyen. Quant à leur nombre, lorsqu'il s'agira de retourner à Collins Square afin de s'en prendre à Ahriman et à ses hommes, nous ne serons jamais assez nombreux pour remporter la bataille. »

Cette perspective d'empoignade avec le baron réjouit Gloria. Elle frotta ses mains et dit :
« Ah ça, j'ai hâte de l'avoir en face de moi, celui-là ! Nous allons le ratatiner comme un buvard, le baron ! »

Seulement, la machine volante d'Eliot Doe était en pièces et toutes les oies avaient disparu, sans doute parties rejoindre le conteur devant l'absence prolongée d'Harold et de Gloria.

Pour venir en Irlande, les mille lutins avaient employé une arche en bois de leur fabrication. Cependant, le poids supplémentaire de Gloria mit soudain cette embarcation en grand péril de sombrer. Heureusement, Harold Gui fit appel à d'autres amis !

Il demanda un écrou aux lutins. On en défit un de la carène du bateau. Il s'isola et, muni d'une mine de fer, se mit à graver quelques mots mystérieux sur les parois extérieures de l'écrou.

« Tu rédiges ton testament ? plaisanta Gloria. Vu notre position, une bouteille à la mer a plus de chances d'être retrouvée, tu sais ! »

Comme d'habitude, Gloria ne voyait le danger nulle part. Elle était de ces tempéraments qui sont nés pour ignorer la peur. Devant un dragon malfaisant aux narines pleines de feu, elle pourrait encore le froisser en raillant l'hygiène de sa dentition !

« Ce n'est pas cela, madame, répondit Harold. C'est un message.

– Un message ? »

Il importe de savoir que les fonds marins avaient été préservés du Grand Départ des êtres magiques plusieurs fois évoqué dans ce récit. Vivaient encore, sous les eaux, des peuplades entières, fabuleuses et douées de raison.

Harold jeta son écrou au fond de la mer...

... et ses amis lui répondirent. Un manteau d'écume vint soutenir la coque du bateau des lutins pendant toute sa traversée vers l'Angleterre. De surcroît, une brume épaisse et magique enveloppa la nef et l'accompagna pendant le voyage, la faisant disparaître à la vue des gens de la côte et des autres navires.

« Rien ne me sera épargné ! » dit Gloria devant ce nouveau prodige.

« Reparlez-moi des rennes, demanda Harold au chef des lutins. Comment cela s'est-il passé au pôle ?

– Les hommes d'Ahriman ont fondu sur eux, par surprise. Ils les ont attrapés au lasso tous les huit et leur ont appliqué des chaînes de fer aux pattes pour les empêcher de prendre de la vitesse et de s'envoler.

– Diable, ils savaient ce qu'ils faisaient !

Sauver Noël

– Nous, nous avons réussi à fuir. J'avais toutefois demandé à quelques-uns d'entre nous de rester en retrait afin d'observer le sort que nos assaillants réservaient aux rennes, comme aux installations de notre fabrique. Les rennes ont été emportés sur la côte sud et vendus à un homme qui semblait attendre leur livraison.
– Vendus ?
– Oui. Un marché a été conclu, c'est évident. L'homme avait tout du roublard en affaires. Il portait de gros favoris et un nez rond qui ne sauraient passer inaperçus. C'est tout ce que je détiens sur cet individu. Il a fait monter les rennes dans un navire de commerce et il a disparu.
– Pas d'idée sur sa destination ?
– Aucune. »
Harold se trouvait embarrassé.
« Cela ne va pas être simple ! »
La nef embrumée des lutins toucha terre sur une côte anglaise désertée au nord de Portsmouth. Harold et ses amis remercièrent pour leur soutien les habitants de l'eau qui disparurent au fond de la mer. Comme convenu, Harold, Gloria et deux centaines de lutins débarquèrent. Le reste demeura dans le navire qui repartit pour le pôle.

Pickwick avait pris avec elle, on l'a dit, de l'argent prélevé sur le pécule destiné à sa fille Zoé. Cette somme servit, *primo* à boire et à manger en quantité après ces jours de frugalité obligatoire, puis à se fournir en habits de camou-

Sauver Noël

flage pour les lutins. Cette seconde affaire ne se régla pas aisément, nos deux amis mirent plus de cinq jours à marchander dans les villages à la ronde de quoi rassembler les effets nécessaires.

Cela acquis, l'on se mit en route. Les lutins avaient été rassemblés en groupes de huit ou dix, et le convoi s'étala sur plusieurs heures de distance pour ne pas paraître trop suspect. Ordre avait été donné aux lutins de ne jamais s'approcher des humains, comme de ne jamais se laisser approcher. Le plus grand danger étant de regarder un homme ou une femme dans les yeux : si les bonnets et les cache-col de fortune avaient réussi à masquer la physionomie fantaisiste des lutins, rien ne permettait de dissimuler convenablement leur absence de blanc dans les yeux... Les lutins devaient avancer en lorgnant sans cesse leurs chaussures !

Harold s'inquiétait de tout. Un convoi de marchands, une ferme isolée, un hameau... tout lui paraissait menaçant.

Gloria, de son côté, était surtout pressée d'atteindre Londres pour retrouver sa fille et les Balmour.

Mais un événement imprévu leur fit brusquement changer de route.

« Voyez-vous cela, madame Gloria ? »

Harold pointa du doigt un panneau indicateur sur une route de campagne. On y lisait : Littlehampton, Sussex.

Sauver Noël

« N'est-ce point ce Littlehampton dont nous a parlé l'esprit Esclarmonde avant de disparaître dans la grotte ?
— Ma foi, cela m'en a tout l'air, confirma Gloria.
— Allons-nous voir ?
— Et comment ! Me voilà bien revenue de toutes mes anciennes certitudes : désormais, j'écouterai à la lettre ce qu'un esprit, un ange ou une fée viendra me dire. Vive les êtres invisibles ! »

Les lutins prirent la direction de Littlehampton, se demandant ce qu'ils allaient y découvrir.

Comme toujours dans les contes (où les choses vont nettement plus vite que dans un roman), ils reçurent sans tarder une réponse à leur question, sous la forme d'une pancarte publicitaire.

Elle annonçait la venue à Littlehampton du *Pelegrino Circus* !

Au centre de l'affiche, un homme, identifiable à ses favoris en soie de cochon et à son nez de légume gâté, écartait les bras et invitait les habitants à venir admirer les merveilles de sa troupe.

« C'est lui ! dirent les lutins qui avaient assisté au marchandage des animaux après leur enlèvement.

— Ainsi, les hommes d'Ahriman ont vendu nos chers rennes volants à un cirque ?! » s'exclama Harold.

En effet, une bande rouge et blanche proclamait l'arrivée d'une toute nouvelle attraction, une exclusivité mondiale, une prouesse jamais vue nulle part et appelée en ces termes : « Les élans flottants » !

« Mon Dieu, fit Harold, les pauvres animaux... traînés devant les foules comme des bêtes de foire !...
— Faut pas avoir de cœur », déplora Gloria.

Aussitôt l'on accéléra le pas pour atteindre Littlehampton.

Les environs du bourg étaient très bruyants. Le *Pelegrino Circus* avait posé ses roulottes et son grand chapiteau dans un champ non loin des premières habitations. Ce fut un monde de tigres et d'éléphants, de nains et de danseuses acrobates, de chiens et d'ours savants qui se présenta à nos amis. De loin, on devinait assez les hommes et les bêtes qui peuplaient le cirque. Mais pas de trace des rennes. Lorsque Harold et Gloria voulurent s'approcher du campement pour en découvrir plus, ils furent brutalement rabroués par les membres de la troupe.

« On n'entre pas ici. Déguerpissez. Si vous voulez voir les animaux, allez donc payer votre place pour le spectacle. Trois pence, l'unité. »

Voyant qu'ils risquaient de recevoir une pluie de coups de bâton s'ils insistaient davantage, l'enfant et la femme résolurent de changer de plan.

« Nous devons approcher des rennes, dit Harold. Dès qu'ils seront en notre présence, nous

Sauver Noël

pourrons tenter de les libérer ! Il faut qu'ils nous reconnaissent.

– Hum... ces gugusses du cirque veulent que l'on paye notre place ? fit Gloria. Eh bien, ils vont être servis ! »

Et, de ce pas, elle se présenta au comptoir d'accueil.

« Deux cent et deux places, s'il vous plaît », demanda-t-elle avec le plus grand sérieux.

La caissière éclata de rire.

« Ben voyons ! Et pourquoi pas dix mille tant que nous y sommes ?

– Non, pas dix mille, car je n'ai pas dix mille enfants avec moi, mais deux cents. Je dirige une pension d'orphelins à quelques kilomètres d'ici et nous avons marché depuis l'aube dans le froid pour venir voir vos merveilles et vos fameux élans flottants. Alors voilà : deux cent deux tickets, s'il vous plaît. »

Gloria posa sa bourse sous les yeux de la femme ébahie.

« Mais... mais... balbutia-t-elle. C'est toute la contenance de notre chapiteau, ça ! Et beaucoup de tickets pour le spectacle de ce soir ont déjà été vendus !

– Eh bien, organisez donc un spectacle supplémentaire pour mes petits. Je paye comptant. »

On fit aussitôt appeler le directeur du cirque.

Dès que celui-ci eut compté les pièces de Gloria Pickwick, le regard gourmand, il lança avec emphase :

Sauver Noël

« Mais bien sûr, madame. Tout de suite, madame. Comme vous le désirerez, madame. Nous sommes là pour vos enfants, madame. C'est un honneur, madame. Je préviens mon cirque, madame. Entrez, madame. Entrez tous ! »
Et, l'instant d'après, il déguerpit vers les caravanes en criant à tue-tête : « En scène ! En scène ! Matinée supplémentaire ! Tout le monde en scène ! Bougez-vous, bande de fainéants ! »
Les lutins, tête baissée, entrèrent sous le chapiteau.
« Nous sommes dans des conditions idéales, dit Gloria à Harold. Lorsque les rennes paraîtront, personne ne pourra nous arrêter.
– Je l'espère. »
Le spectacle débuta. Les lutins, surpris, furent très vite emballés et électrisés par ce qu'ils virent. Comme des enfants. Les jongleurs, les cracheurs de feu, les équilibristes leur tirèrent des cris de joie, au point qu'ils en oublièrent presque leur raison d'être là.
Les numéros d'animaux s'enchaînaient : otarie avec un ballon, tigre bondissant dans un cerceau, éléphant exécutant un pas de deux, chien courant sur les pattes avant... le tout agrémenté par les accents d'un petit orchestre de cuivres, d'une grosse caisse et d'une caisse claire qui frémissait à l'unisson du public. Les attractions étaient captivantes !
Puis vinrent les clowns.

Sauver Noël

Comme les lutins s'esclaffèrent devant leurs multiples gaffes et leurs roulades dans la poussière de la piste! Gloria elle-même se laissa gagner par la contagion euphorique.

Enfin, jusqu'à ce qu'un des clowns fût pris de la mauvaise idée, au cours d'un numéro avec un seau d'eau, de renverser tout son contenu sur la gouvernante des Balmour! D'ordinaire, cette fausse bévue tirait les meilleurs rires des enfants, mais là, le clown se retrouva en butte à un terrible silence et au regard mortel que lui rendait Gloria, trempée de la tête aux pieds.

« Eh ben quoi? C'est pas drôle? » murmura le clown.

Il regarda les rangs en quête d'une explication, et ce fut là qu'il vit les oreilles, le nez et les yeux d'un des lutins qui, dans l'effervescence de la représentation, avait laissé glisser son bonnet et son écharpe.

Le clown, en dépit de son maquillage coloré, devint blanc comme un linge, la terreur se dessina sur son front et il poussa un horrible cri; il partit à vive allure vers le fond de la piste et les coulisses. Seulement, ses chaussures de clown démesurées l'empêchèrent de courir et il chuta à de nombreuses reprises, sans arriver à prendre jamais de la vitesse.

Les lutins rirent beaucoup.

Toutefois, le directeur du cirque, outré par la sortie de piste de son clown, revint au-devant des

Sauver Noël

spectateurs en habit de Monsieur Loyal et annonça à grands coups de voix l'attraction exceptionnelle de son cirque ! Le clou de la représentation. Un numéro envié par tous les cirques du monde.

« Faites entrer les élans ! »

Harold, Gloria et toute l'assistance tressaillirent.

Mais d'abord, une grande cage en fer fut dressée sur la piste.

« Mince, murmura Harold. Cela se complique ! »

Gloria réfléchit et dit :

« J'ai une idée. »

Elle se tourna vers quelques lutins et leur expliqua la conduite à suivre. Une dizaine d'entre eux quittèrent précipitamment le chapiteau.

« Que leur avez-vous dit, madame Gloria ?

– De détourner l'attention des curieux. »

Les rennes apparurent.

Pauvres bêtes ! Où étaient donc passés ce crin éclatant, ce port altier, cette allure de héros de conte merveilleux que nous leur connaissions ? Les rennes volants ressemblaient aujourd'hui à des ânes en peine. Malades, presque. Le regard vide et le pas lent, entravé par de lourdes chaînes.

« Quelle pitié », murmura Harold.

Le directeur pénétra dans la cage avec les animaux, muni d'un bâton et d'un fouet.

Sauver Noël

« N'ayez pas peur, dit-il à l'assemblée, personne ne craint rien. Je veille. »
Il jeta un œil vers la coulisse. Deux hommes se tenaient aux aguets, armés de fusils de chasse.
« Bon, gronda Gloria, ne leur laissons pas trop de temps. Fais-toi reconnaître, Harold, ensuite, nous déboulons tous ensemble ! »
Harold, inquiet au dernier degré, accepta.
Il se mit debout sur sa chaise.
« Dasher ! Dasher ! » cria-t-il.
C'était le nom du chef des rennes. Celui-ci dressa l'oreille, sans trop y croire, puis vit soudain le visage d'Harold. Les huit rennes s'agitèrent en même temps.
Sans comprendre, le directeur leur assena une affreuse volée de coups de fouet dans le but de les calmer. Pour les lutins, c'en était trop. Comme une foule peut parfois prendre d'assaut la place d'une ville, ils se ruèrent vers la piste ! Ils étaient assez minces pour se glisser au travers des barreaux de la cage. Certains d'entre eux accompagnèrent Gloria qui déboula près de la coulisse et assomma d'un coup de poing chacun des hommes armés. Harold ouvrit la porte de la grille et les rennes purent sortir alors que le directeur croulait sous un poids important de lutins qui lui tiraient les oreilles, lui pinçaient le nez et lui mordaient les mollets.
Les deux cents petits êtres produisirent tant de cris et de mouvements qu'ils firent décamper

Sauver Noël

de peur les membres de la troupe vers leurs roulottes ; ceux qui résistaient furent enfermés à leur tour dans la cage !

On récupéra dans les poches du directeur la clé des chaînes qui retenaient les pattes des rennes.

« Fuyons ! » ordonna Gloria.

Aussitôt dit, aussitôt fait.

Arrivés sur le champ, l'enfant et la femme grimpèrent sur un renne et les petits lutins s'amassèrent en grappe sur les sept autres.

L'envol des rennes fut spectaculaire ! La liberté retrouvée démultiplia leurs forces.

« N'oublions pas les derniers lutins ! » avertit Gloria.

On revint près du cirque pour repêcher les dix lutins sortis plus tôt du chapiteau.

Ceux-là s'étaient arrangés pour démarrer un feu de grenier dans le village. Tout Littlehampton s'était précipité pour éteindre les flammes. Partant, personne ne vit l'envolée fantastique de nos amis !

Les lutins entendaient le langage des rennes (comme celui d'à peu près tous les animaux), aussi lorsque Dasher, le chef, demanda :

« Où va-t-on ?

– À Londres ! » firent répondre Harold et Gloria.

Eh oui, ami lecteur, nous retournons maintenant à Londres !

Chapitre 20

Que vaut l'idée d'harmonie contre la souffrance d'un enfant ?

Figurez-vous une masure sur Lexington Inn, un village à douze miles du cœur de la City. Il avait neigé la nuit précédente et les insuffisances du toit avaient laissé pénétrer les flocons dans le modeste logis glacé.

C'était ici qu'habitait autrefois Gloria Pickwick avec son mari Newman, avant que son métier de maître ramoneur ne le contraigne à se rapprocher de Londres. Mais Gloria avait toujours refusé de vendre cette maison.

« Avec un peu d'argent, pour nos vieux jours, nous la consoliderons et elle nous fera une excellente retraite ! » prédisait-elle. Et puis Zoé était née, et puis Newman était mort... et Gloria ne revint jamais ici, tout occupée à travailler chez les Balmour.

Par un brutal coup du sort (dont nos lecteurs possèdent les tenants et les aboutissants), l'adresse était de nouveau occupée, mais par les Balmour eux-mêmes et leurs enfants !

Après le départ de Gloria à la suite du petit Harold, les choses avaient périclité pour ses maîtres. Les prophéties du baron Ahriman se réalisèrent sans pitié. La faillite des investissements du lord fut consommée en quelques jours. De riche, Balmour se retrouva débiteur au dernier degré auprès de nombreux organismes de finance. Il ne détenait aucun fonds pour y faire face et personne, pas un ami, pas un collègue n'était venu se proposer de le soutenir dans cette mauvaise passe. Au reste, il ne recouvra pas la santé et il dut (sur une litière empruntée à un hospice !) abandonner sa somptueuse demeure du 6, Collins Square, mise immédiatement aux enchères par le cabinet du néfaste notaire Alois Pepper. Meredith Balmour s'était vu confisquer ses bijoux et ses toilettes précieuses, le mobilier d'époque de la maison disparut comme par enchantement sous la baguette magique des huissiers.

N'ayant plus nulle part où se réfugier, et fuyant l'acharnement des créanciers, les pauvres Balmour répondirent favorablement à la proposition de Gloria qui, dans la longue lettre adressée à Meredith avant son départ, avait indiqué l'existence de ce lopin de terre mal bâti en dehors de Londres qui pouvait les accueillir. Vu l'état préoccupant de la santé du lord, on se résolut à ne pas voyager trop loin et tout le monde finit à Lexington Inn.

Meredith Balmour devint une nouvelle Gloria Pickwick ; elle se dépensait sans compter pour améliorer l'ordinaire des siens et de Zoé. Elle poussa le dévouement jusqu'à aller seconder des lingères pour quelques pence, repriser des napperons des nuits durant, ou faire la lecture à de vieux gribous bourgeois qui ne pensaient qu'à la séduire en croyant avoir à leur merci une pauvresse de campagne. S'ils avaient su ! La femme de lord Davy Balmour ! Mais elle ne dit rien, ne protesta pas, ne geignit jamais : elle opérait des miracles pour les siens, c'était tout ce qui lui importait.

« Un jour après l'autre », disait-elle.

Zoé et les trois enfants Balmour se débattaient pour essayer d'isoler les murs et les toits de la masure et, tous les jours, l'un d'eux accomplissait à pied près de huit miles aller et retour dans le froid pour se pourvoir chez une panseuse en plantes médicinales censées rendre la santé à lord Balmour.

Une bien triste vie. Un brutal bouleversement pour ces petits.

Mais comme les Balmour étaient des gens authentiques et simples, ils en souffrirent moins que d'autres de leur rang dans la même situation.

De la résidence de Collins Square, ils n'avaient rien pu emporter hormis quelques contes d'Andersen et d'Eliot Doe dans les pages desquels Zoé et les enfants avaient glissé les précieuses lettres envoyées par Gloria. Toutes les soirées étaient passées à lire tel conte ou telle lettre ; à la vérité, les deux étaient empreints d'une magie réjouissante ! La gouvernante ne parlait-elle pas de lutins et de voyages au-dessus des nuages ?

Mais ce jour-là, alors que des signes positifs avaient récemment rendu l'espoir à sa femme et à ses enfants, Davy Balmour mourut.

Tous les efforts, tous les cordiaux, toutes les prières avaient échoué. En cette triste aube du 31 janvier, Meredith, Katherine, Emily, Robert et Zoé revenaient de la fosse commune de Lexington Inn où, après deux trois coups de goupillon vite bâclés (ils n'avaient pu s'acquitter auprès du pasteur des frais de « grand froid » qu'il exigeait en supplément pour la cérémonie des funérailles), le bon lord était parti rejoindre ses ancêtres et les asticots.

Tout le monde rentra sans un mot dans la maisonnette.

La santé des enfants continua de se dégrader : Katherine commençait à devenir aveugle, Emily perdait ses dents, Robert endurait des migraines intolérables, et Zoé s'inquiétait de sa respiration chaque jour plus sifflante.

De son côté, Meredith souffrait de plus en plus du dos, si bien qu'elle ne pourrait bientôt plus travailler.

Sauver Noël

Depuis des semaines, tous se disaient qu'ils étaient les victimes d'une malédiction; rien ne pouvait justifier autrement les accablements qui les frappaient de manière si intensive.

Un soir qu'ils s'accordaient tous sur la réalité de cette injuste malédiction, la porte de la maison s'ouvrit et Gloria Pickwick reparut subitement!

« Maman! cria Zoé.

– Gloria! crièrent les enfants Balmour.

– Mrs. Pickwick!» cria Meredith.

Gloria, tout à son bonheur de retrouver les siens, fronça néanmoins les sourcils et demanda avec inquiétude :

« Mais où est lord Balmour?»

Chapitre 21

Où Benjamain Franklin et Jack Black unissent leurs talents au service de la cause de Gloria et de Harold

Mais au fait, comment s'y prend-on pour renverser le diable ?

Le petit Harold Gui – qui en sait beaucoup plus qu'il ne le prétend – leva le front pour lire la première phrase de ce chapitre et dit à Gloria et aux lutins :

« Au fait, c'est vrai, comment allons-nous faire ? »

Notre troupe était arrivée à Londres depuis quelques jours. Les rennes les avaient déposés de nuit sur les toits de Mayfair sans que personne surprenne cet effarant trafic. À présent, les nombreux lutins avaient trouvé refuge dans les combles d'un grand magasin pour dames en rénovation, non loin de Collins Square où résidait le baron.

C'était aujourd'hui leur premier « conseil de guerre ».

Sauver Noël

« C'est du diable que nous parlons tout de même !... insista le garçon.

– Il est inutile de nous en remettre aux autorités policières ou à la foule, dit Gloria. Ahriman saura les terrifier ou les séduire, comme au temps du Moyen Âge. »

L'un des deux lutins qui avaient accompagné Harold jusqu'à la cabane perchée du conteur Eliot Doe, et plus précisément celui qui avait passé un certain temps à feuilleter le livre ancestral détenu par le grand homme, prit la parole :

« Je pensais dénicher dans les pages de ce grimoire une formule magique qui permette de s'en prendre à un tel personnage, mais je n'ai pas eu assez de temps. La seule stance que j'ai réussi à trouver disait qu'en présence du diable ou d'un démon, il fallait agir " comme Jupiter ". »

Harold et Gloria haussèrent les sourcils.

« Comme Jupiter ? répétèrent-ils. Le dieu antique ?

– Oui.

– C'est vague, ajouta la gouvernante.

– Tu n'as rien compris de plus ? »

Le lutin haussa les épaules.

« Jupiter était le dieu des dieux, dit-il. À ma connaissance, son attribut le plus notable est sa maîtrise de la foudre. Y aurait-il un lien ?

– La foudre ? » s'exclama Gloria.

Il n'aura pas échappé au lecteur attentif, en dépit des multiples rebondissements de cette his-

Sauver Noël

toire, que le maître à penser de notre amie Gloria au début de ce conte n'était autre que Benjamin Franklin. Le grand inventeur du paratonnerre !

« Cela voudrait dire, tâcha de comprendre Harold, que la foudre a un effet néfaste sur les démons ? Peut-être même est-ce là le moyen de les faire disparaître ? Ce qui expliquerait la prédominance de Jupiter sur les autres dieux : lui avait le pouvoir absolu sur les êtres du Mal !

— Alors là, mes amis, dit Gloria en se frottant les mains, vous pouvez vous reposer sur maman Pickwick ! S'il s'agit de dévier la foudre pour qu'elle vienne heurter le 6 *bis*, Collins Square, ma connaissance des travaux de l'excellent Benjamin va trouver une occasion de se rendre utile. Avec moi, c'est à un véritable méchoui géant de diables et de démons que vous allez assister ! En route ! »

On fit comme Gloria dit.

Si cette dame de modeste extraction était à ce point au fait des travaux sur le paratonnerre, c'était que, bonne épouse, elle avait plus d'une fois craint pour la vie de son mari Newman qui passait son temps sur les toits, même les jours de grand orage. La mort par foudroiement des ramoneurs n'était pas un fléau en soi (un ou deux par an dans le royaume) mais, comme disait Gloria, mieux valait s'y connaître !

Sous le couvert de la nuit, et en silence, nos amis installèrent une longue pointe de fer sur la cheminée la plus haute du 6 *bis*, seulement, au lieu de la relier à des éléments non conducteurs d'électricité, ils la laissèrent telle quelle. Le courant se viderait directement dans la maison d'Ahriman!

Ils attendirent ensuite l'orage propice.

Il ne tarda pas. La troisième nuit fut un festival de son et lumière : pas moins d'une soixantaine d'éclairs vinrent brutalement s'abattre sur le 6 *bis*. Par moments, l'on se croyait en plein jour. À chaque fulguration, irrémédiablement attirée dans ce quartier par le seul paratonnerre en place, Gloria, Harold et les lutins se retenaient de pousser des cris de joie.

Eh bien, en définitive, l'effet fut nul. Et archinul!

Le lendemain, les occupants de la maison du baron Ahriman se portaient comme un charme.

« Bon, fit Gloria. En tant que Jupiter, il faudra repasser, je crois! »

Aussi en revint-on à des manipulations moins spectaculaires mais plus admises par les traditions.

Les lutins infiltrèrent des gousses d'ail dans les appartements d'Ahriman, des crucifix furent dessinés ou incrustés tout autour de la maison dans l'espoir d'empêcher les diables de sortir du 6 *bis*. Mais rien de tout cela ne fonctionna. Gloria fit appel à un exorciste fameux du nord de Londres ; mais à peine avait-il posé sa main sur la poignée de porte d'Ahriman que le prêtre sentit comme une décharge lui gravir l'échine, ses cheveux chutèrent d'un coup et des flots de sang coulèrent de ses narines.

Inutile d'ajouter, chers lecteurs, que cet exorciste court toujours à l'heure qu'il est!...

Nos amis souffraient échec sur échec. La seule victoire dont ils pouvaient se réjouir était de ne pas s'être encore fait découvrir.

Mais alors qu'il déplorait une cruelle absence d'idées dans les rangs de ses amis, Harold observa la danse irrégulière des corbeaux autour de l'adresse du baron.

« Les corbeaux ! »

Plus d'une fois, dans sa jeunesse, un ami nommé Le Falou lui avait conté des histoires qui postulaient que les diables et les démons étaient des esprits maléfiques qui avaient besoin de s'incarner dans des humains ou des animaux pour pouvoir agir dans notre monde, et que c'était au moment de ces incarnations physiques temporaires qu'ils devenaient le plus vulnérables !

« Les corbeaux ! répéta le garçon. C'est sous cet aspect que les démons qui habitent sous le toit du baron quittent Collins Square et vaquent à leurs ténébreuses affaires. C'est grâce à ces enveloppes qu'ils peuvent se déplacer de jour ! Si nous ne pouvons atteindre Ahriman directement, commençons par lui ôter ses alliés les plus proches.

— Riche idée. Comment comptes-tu t'y prendre ? » lui demanda Gloria.

Sauver Noël

Harold sourit.
« J'ai une piste ! »

Et voilà qu'il partit seul dans les rues de Londres. Il laissa les beaux quartiers derrière lui et pénétra dans des ruelles sombres et malfamées, des portions de la ville où les *bobbies* eux-mêmes réfléchissaient à deux fois avant de s'exposer.
Harold entra dans un cabaret.
La présence d'un enfant dans ce taudis enfumé ne choquait véritablement personne par ici. Là où il n'y avait plus ni mœurs ni morale, peu de considération subsistait envers la petite jeunesse.
Il interrogea à plusieurs reprises :
« Où pourrais-je trouver Jack Black ? »
Jack Black !
Un héros.
Un Achille, un Robin Hood, un modèle d'idéal pour les enfants de ce temps.
À chaque question d'Harold, on lui répondait confusément :
« Rapproche-toi des dépôts d'ordures... ou... va fouiller près des poubelles... ou... rends-toi là où cela sent bien bien mauvais !... »
Et cetera.
Tout le monde connaissait le nom de Jack Black, mais peu l'avaient vu en chair et en os. De bouge en bouge, de rue nauséabonde en rue nauséabonde, notre petit ami courait à la poursuite de cette légende londonienne.

Sauver Noël

« Il doit bien se cacher quelque part ! »
Des enfants lui indiquèrent des lieux où Jack Black avait sévi dernièrement. Harold, respectant leurs indications, finit par trouver une flèche brisée sur le pavé d'une rue.
« Une flèche ? C'est un signe qui ne trompe point. Je suis sur la bonne voie ! »
Un rat.
Il était bien gras, bien fort, le museau bien noir, la queue bien rose et bien longue. Il venait de se dégager d'une caque précédemment remplie de harengs fumés.
Harold se mit aussitôt à sa poursuite. Il escalada des poubelles et renversa des monts d'ordures sur les trottoirs pour ne pas perdre sa trace.
Et soudain, il entendit un sifflement. Mais celui-ci n'émanait pas d'entre les lèvres habiles d'un enfant des rues : c'était une flèche décochée d'un arc. Elle transperça de part en part le rongeur dans sa course.
Harold se retourna dans la direction du tir.
Il aperçut sur les toits des maisons une silhouette de garçon arc-bouté entre deux chéneaux de plomb. Le soleil qui pointait dans son dos, même brumeux, effaçait ses traits. Les seuls points que pêcha Harold d'un coup d'œil furent son bras tendu, l'ombre d'un carquois de flèches à l'épaule, et toute une attitude de petit Guillaume Tell.

Sauver Noël

Mais la silhouette s'enfuit d'un bond vers l'autre versant des toits.

« Jack Black ! cria alors Harold. Jack Black, attendez ! »

Et il bondit à son tour pour contourner la rue et essayer de retrouver son héros.

Mais le tueur de rats avait disparu.

Le *tueur de rats*, me demanderez-vous ?

Oui, c'était de cela qu'il s'agissait !

En ce temps (qu'il n'est pas question de regretter), les enfants sans soutien ni éducation ne possédaient que de très rares métiers qui leur permissent de subsister dans la vie, tout en respectant le cadre étroit des lois. Ils pouvaient être vendeurs de journaux ou d'allumettes aux carrefours, porteurs de lait, petits ramoneurs, manœuvres dans les usines de Manchester, commissionnaires, voire mousses sur un cargo marchand, mais hormis cela, la nécessité de vivre les poussait plus généralement à voler, à mentir, à défier, à cogner, et à devenir le comparse d'un adulte sans scrupule.

Ce n'était pas le cas de Jack Black. La majeure partie des villes anglaises étaient sujettes à une malencontreuse et perpétuelle invasion de rats. Après beaucoup d'échecs, le seul moyen promu par les municipalités pour essayer d'endiguer ce phénomène grandissant avait été de sommer les enfants des rues de tuer tous les rongeurs qui leur passeraient sous le nez. Pour prix de leurs

Sauver Noël

efforts, ils étaient rémunérés une misère par la mairie au nombre et au poids des rats qu'ils apporteraient avec eux comme preuve.

À ce curieux métier, Jack Black était devenu le plus doué, le plus fort, le plus loué par les petits et par les grands. Sa réputation franchit largement l'orbite de Londres pour gagner tout le pays, voire les nations du continent. On le disait assez adroit pour aligner deux ou trois rats sur un même trait, planter une petite bête à des dizaines de mètres de distance ou faire entrer ses flèches dans les endroits les moins propices à un archer. Le jeune garçon devint un véritable mythe lorsque le bruit se répandit que, conquérant de fortes sommes à la mairie, Jack Black avait décidé de les redistribuer aux enfants démunis et malades. Sa générosité de Robin des Bois assit pour toujours sa réputation héroïque !

C'était après ce fameux personnage que courait Harold. Il avait souvent entendu le récit de ses exploits du temps où il vivait à Cokecuttle, dans le Lancashire.

Mais Jack Black avait disparu.

Plus de trace du vaillant archer.

Alors Harold décida d'agir par la ruse. Il retourna sur ses pas et se positionna discrètement non loin du rat tué.

« C'est une grosse pièce que ce rongeur, se dit-il, Jack Black reviendra le chercher. »

Nouvel Ulysse, le rusé Harold avait pensé juste. Après avoir sans doute réglé leur compte à une

Sauver Noël

bonne douzaine de congénères du rongeur qui refroidissait devant notre ami, Jack Black revint sur place pour emporter sa prise dans une sacoche.

C'est alors qu'Harold sortit de sa cache.
« Jack Black ! fit-il. Je dois vous parler. »
Mais le héros sursauta et fronça les sourcils. Visiblement il n'aimait pas être pris à parti. Ni une ni deux, il se mit en demeure de disparaître, sans répondre à Harold.
« Attendez, cria ce dernier. Attendez ! »
Là, Harold sut trouver les mots pour retenir le fuyard.
« Je sais que vous avez envoyé une lettre au père Noël où vous lui demandiez un jeu de soldats de plomb ! Je peux vous aider à comprendre pourquoi il n'a pas répondu à votre demande cette année ! Vous devez m'aider, s'il vous plaît. »
Jack Black se figea. Diable ! il n'avait jamais parlé à personne de cette histoire de soldats de plomb ! Qui était ce garçon qui l'apostrophait de cette manière ?
L'archer avait treize ou quatorze ans, mais il en faisait toujours neuf ou dix. Il avait de longs cheveux noirs retenus en arrière par un catogan blanc, il portait au cou de nombreux colliers de coquillages et de petites pierres offerts par les enfants qu'il avait secourus. Ses yeux étaient grands et bleus, son nez pointu le faisait ressembler à un jouet de bois. Il portait des guenilles

mais semblait le plus heureux des petits. Sa vie était un jeu perpétuel.

Il revint sur ses pas et se planta devant Harold.
« Comment sais-tu cela ?
– Les soldats ? Je vous expliquerai. C'est un peu long. En premier lieu, écoutez-moi : vous devez m'aider...
– Moi ? Mais je tue des rats, c'est tout. Je ne sais rien faire d'autre.
– Oui... je sais... mais... n'avez-vous jamais pensé à en faire autant avec... des corbeaux ? »

Chapitre 22

Dans lequel Gloria passe pour une cinglée !

Le plan d'Harold était simple : abattre tous les corbeaux qui passaient sur Londres et qui étaient susceptibles de receler l'âme néfaste d'un agent du baron Ahriman.
Oui, je sais, cher lecteur, j'entends monter tes récriminations, cette méthode n'a rien de charitable ni de très juste, vu que, dans le procédé, bon nombre de corbeaux innocents allaient tomber sans raison. Mais, dans certains moments d'urgence et de trouble, comme le veut la formule : la fin justifie les moyens !
Enfin bref, Harold s'expliqua avec Jack Black quant à Ahriman, Gloria et aux mille lutins. Le jeune archer promit son soutien. Il convoqua une trentaine d'autres «"exterminateurs de rats"» de Londres et, galvanisés par la promesse de Gloria de distribuer le reste de ses économies pour chaque corbeau descendu, la

grande chasse fut lancée dans tous les quartiers de la ville. Les enfants tireurs se postèrent en haut des églises, sur les cheminées d'usine, ou tapis entre les arbres des parcs, et, brusquement, plus un seul volatile au plumage noir ne put marauder en paix.

Ceux qui s'échappaient de la maison d'Ahriman tombaient irrémédiablement sous des tirs croisés, quelques rues après Collins Square.

La vigilance était de tout temps, même et surtout de nuit !

Les corbeaux sains recevaient les flèches avec un petit cri caractéristique ; en revanche, ceux qui portaient en eux un démon d'Ahriman délivraient un rauquement très inquiétant au moment de mourir... Ainsi Jack Black et ses amis savaient lorsqu'ils avaient mis dans le mille !

Les effets de cette razzia se sentirent vite, d'après les rapports quotidiens de la police de Londres : le nombre des vols et des agressions baissait graduellement, pour se rapprocher de la moyenne que l'on connaissait avant le printemps...

« Mais, en imaginant que cela affaiblisse le baron Ahriman, dit Gloria à Harold, encore nous faut-il trouver de quoi le coincer *lui* ! »

C'est alors que Zoé Pickwick intervint et demanda avec beaucoup d'intelligence :

« Que comptaient faire tous les lutins sur l'île de Blasket ? Pourquoi étaient-ils toujours là

Sauver Noël

lorsque vous êtes arrivés ? Ne devaient-ils pas quitter ce monde pour de bon ? Et par quel moyen ? »

Aussitôt, on fit appeler un lutin pour qu'il s'explique.

« Nous attendions la fée Dora, dit celui-ci.
– La fée Dora ? répéta Gloria. Qui est-ce ?
– La dame qui préside le monde où nous devions nous exiler. Elle nous avait demandé de nous trouver à cet endroit précis dans l'île, affirmant qu'elle apparaîtrait pour nous emporter loin de cette planète.
– Et elle n'est pas venue ?
– Non, mais nous avions confiance, il suffisait d'attendre. Et puis vous êtes arrivés... »

La fée Dora ?

Ce seul nom évoqua plein d'idées dans l'esprit de Gloria.

« Une fée ? Voilà ! Il faut maintenant que cette sorcière vienne nous aider, dit-elle. C'est évident. Nous ne pouvons rien directement contre le diable, contre Ahriman. En revanche, elle doit posséder des moyens, des pouvoirs, dignes de répondre à un gredin dans son genre ! On peut se charger des corbeaux, mais, pour le grand vilain, il va falloir que l'on nous vienne en aide !
– Mais comment la convaincre ? Et surtout, comment entrer en contact avec elle ? fit Harold.
– Mais voyons, Harold, rien de plus simple ! » répondit la gouvernante avec un grand sourire.

Sauver Noël

*

De ce pas, elle retourna vers Collins Square et la maison de sir et lady Lipka. Elle réussit à monter à l'étage des chambres des domestiques sans se faire voir et entra dans la chambre de Claire, la jeune chambrière.

« Vous, à Londres, madame Gloria ? lança la jeune fille pleine de surprise. Racontez-moi vite ! Comment allez-vous ? Où est le petit Harold ?
– Silence, Claire, silence ! »
Claire se tut.
« Tu vas m'écouter attentivement, lui dit Pickwick. Et qu'importe si tu n'entends pas le moindre mot de ce que je vais te raconter. Contente-toi de bien ouïr mes phrases.
– Oui, madame Gloria. »
Notre amie vérifia que personne ne les écoutait.
« À présent, dit-elle, je vais te vouvoyer. Une dernière fois, ne me demande pas pourquoi, cela serait trop long à expliquer.
– Vous allez me vouvoyer ? Bien, madame Gloria. »
La femme prit une longue inspiration puis dit, d'une voix étrangement teintée de respect :
« Tout d'abord, je tenais à vous remercier pour votre généreuse intervention dans la grotte sur l'île en Irlande. »

Sauver Noël

Le visage de Claire pâlit.
« Quoi ? Qu'est-ce que vous dites, madame Gloria ? Quelle grotte ? Qu'est-ce que j'ai fait ? »
Gloria tapa du pied.
« Ne t'ai-je pas dit de garder le silence ? Je ne te demande pas de me répondre, ni de comprendre le sens de mes phrases. Tu m'écoutes, un point c'est tout.
– Bon. Bon. Je vous écoute.
– Je reprends, fit Gloria, mécontente d'avoir été interrompue. Je vous remercie aussi pour les pioches et les bougies ; comme vous le voyez, nous avons réussi à nous en sortir avec les lutins. »
La jeune Claire se demandait si Gloria n'avait pas totalement perdu la raison. La suite de son propos allait accentuer encore ce sentiment.
« Et, comme vous le savez sans doute, votre indication de Littlehampton nous a aussi conduits au *Pelegrino Circus*. Les rennes volants sont libres. »
Là, Claire se dit que Gloria était folle. Complètement folle. Des lutins ? Un cirque ? Des rennes volants ?
« Néanmoins, reprit la gouvernante sans sourciller, nous avons encore besoin de votre aide, chère madame.
– Mon aide ? » ne put s'empêcher de dire timidement la jeune fille. Mais Gloria lui rendit des yeux si gros que Claire décida de ne plus jamais ouvrir la bouche.

« Voilà, dit Gloria. Pouvez-vous intervenir auprès de la fée Dora ? Nous avons fait le maximum avec ce qui était de notre ressort... à présent, il nous faut d'autres *pouvoirs*... si vous voyez ce que je veux dire ? »

Claire aurait bien répondu qu'elle ne voyait rien du tout, mais s'abstint.

« Si vous pouviez faire passer le message, comme on dit, je vous en serais gré ! Nous comptons beaucoup sur vous. Nous n'arriverons pas à bout de qui vous savez... sans votre secours. »

Là, son visage et son ton de voix changèrent d'expression pour revenir à la petite Claire.

« Je te remercie, ma jolie, lui dit Gloria. Tu as été très bien. »

Gloria voulut partir.

« Mais je ne comprends pas ! protesta Claire. Qu'est-ce que vous attendez de moi au juste ? »

Pickwick haussa les épaules.

« De toi ? Mais rien du tout.

– Pourtant, vous venez bien de me dire que... »

Gloria rit.

« Mais non, mais non, voyons... ce n'était pas à *toi* que je m'adressais ! »

Et elle sortit sur ce mystère tout à fait impénétrable pour Claire.

Heureusement, Esclarmonde, de son côté, avait parfaitement interprété la démarche de Gloria Pickwick.

Chapitre 23

Où le traître de Noël est démasqué

Au moment où Gloria passait aux yeux de la jeune Claire pour une timbrée de premier choix, la chasse aux corbeaux se poursuivait sur les toits de Londres et Harold observait les mouvements qui, dans l'enceinte du baron Ahriman, pouvaient laisser entendre qu'un malaise naissait, une gêne, ou un début de réaction aux événements qui frappaient ses occupants.

Cela se concrétisa par l'apparition sur le perron du 6 *bis* d'un curieux personnage tout petit, tout couvert de noir et qui faisait son possible pour ne pas donner à découvrir son visage. Il avait presque la hauteur d'un enfant, mais ses déplacements vifs et volontaires trahissaient un âge et une conscience d'adulte.

« Qui est-il, celui-là ? » murmura Harold.

À l'évidence, le personnage tremblait de la tête aux pieds et il attendait avec impatience sur le trottoir du Collins Square, en tournant son visage dans la direction des rues.

Une fumée noire s'était dégagée vers le nord hier au soir. Sans surprise, la grande voiture à six chevaux noirs apparut avec son fracas habituel.

Le cocher n'eut pas un instant de répit pour faire souffler ses bêtes, l'inconnu se précipita dans la voiture en lançant un geste hâtif qui ordonnait son départ immédiat.

« C'est un vilain qui va peut-être nous être utile. Celui-là n'est pas invisible de jour ! » dit Harold aux lutins en observant cette curieuse scène.

Cela faisait plusieurs jours et plusieurs nuits que nos amis attendaient le retour magique de la voiture. Un piège avait été tendu à quelques rues de Collins Square, avant qu'elle ne puisse disparaître sous le tunnel de Heathson.

Le procédé se mit aussitôt en place. Les lutins déplacèrent une charrette de salades et firent mine d'être bloqués en plein au travers de la rue. Non seulement le cocher dut arrêter ses chevaux en catastrophe, mais il ne put empêcher ses animaux d'attraper quelques feuilles vertes qui leur passèrent sous les naseaux.

Ces feuilles, voulues par les lutins, comportaient un philtre sous forme de petits grains de poivre qui agit sur l'humeur et la santé des chevaux : ils sentirent leurs jambes s'engourdir et se trouvèrent empêchés de faire le moindre pas supplémentaire. Cette immobilisation créa un horrible chahut public dans la rue. D'autres cochers s'en mêlèrent à coups de jurons, des passants s'agglutinèrent pour voir ce qui provoquait tant de paroles acerbes, et le groupement attira le groupement. Bientôt, une cohue indescriptible enveloppa la voiture du baron Ahriman !

Harold et les lutins en profitèrent. Dès que le passager en noir eut ouvert la portière pour comprendre ce qui se passait, ils se ruèrent sur lui et l'emportèrent, mais dans un tel brouhaha et une telle confusion de gestes que personne ne fit réellement attention à l'assaut.

Enfin, lorsque, de retour dans la cache des lutins sous le grand magasin en travaux, l'on arracha la capuche de l'étrange petit bonhomme pour l'interroger, tous retinrent un cri d'effroi.

« Mais c'est un lutin !

– Un lutin ! »

Sur ces entrefaites, Gloria Pickwick revint de son entretien avec Claire.

« Regardez, madame Gloria ! lui dit Harold. Ce gredin est sorti de la maison du baron.

– C'est un traître ! » protestèrent beaucoup de lutins.

Un traître, en effet. Un lutin néfaste. Rien de comparable avec nos amis les lutins espiègles du père Noël ! Celui-là avait le mal ancré dans l'âme. Comme il était mauvais, il était aussi lâche, comme il était lâche, il était aussi peureux, et comme il était peureux, il répondit sans retard aux questions que lui posèrent Harold et Gloria.

En l'espèce, il avait lui aussi manqué autrefois le Grand Départ des esprits, comme les autres lutins. Mais pour ne pas se faire repérer, il s'était déguisé et avait maquillé son tempérament pendant toutes les années où les lutins étaient restés cachés dans leur repaire en Écosse. Ce fut l'arrivée violente des hommes de main d'Ahriman au pôle Nord qui lui permit de raviver sa véritable nature. Il se mit aussitôt au service du baron et l'aida dans son horrible exercice de sape contre tout ce qui touchait à la fête de Noël!

Mais le lutin n'avoua pas que cela. Les couards sont des bavards impénitents; lorsqu'ils commencent à se mettre à table, on ne peut plus les arrêter!

« Le baron Ahriman s'est maintenant lancé en politique! expliqua-t-il.

– Quoi? fit Gloria.

– Le diable veut reconquérir le monde sans avoir à utiliser le moindre de ses pouvoirs maléfiques. Il considère que la société des hommes est aujourd'hui pire que lorsqu'il l'a laissée il y a mille ans et qu'elle est idéalement faite à son image; aussi compte-t-il la dompter en usant de ses propres règles! D'où la politique et la corruption.

– C'est horrible! s'exclama Harold.

Sauver Noël

– Et croyez-moi, ces projets font froid dans le dos... ajouta le lutin. Il va bientôt entrer à la Chambre des communes ! C'est diabolique... »

Ce que redoutaient Gloria et Harold venait d'être confirmé : le diable était de retour et il comptait rester parmi les hommes. Il ne s'agissait plus de sauver Noël, mais de sauver le monde tout entier.

« Mon Dieu, comment allons-nous nous y prendre ? C'est une épreuve de la Bible ! »

Cette question, nos amis la ruminèrent toute la nuit. D'invraisemblables scénarios furent établis entre eux pour tenter d'y répondre, mais les espoirs étaient maigres. Leurs pouvoirs inexistants. Que faire, seuls ?

*

Au petit matin, la jeune Claire apparut dans la cache du magasin et vint se présenter devant Gloria. Les lutins se dissimulèrent.

« Excusez-moi, madame, puis-je vous parler ?

– Bien entendu, mon enfant. Je t'écoute. »

Gloria lui avait dit hier où pouvoir la retrouver. La petite était gênée. Mais c'était plus le sujet de son message que les circonstances qui semblait l'impressionner.

« Eh bien, voilà, dit-elle, il se trouve que la nuit dernière, j'ai fait un rêve étrange.

– Un rêve ?

Sauver Noël

— Oui. Un rêve très précis et dont je n'ai pas oublié le moindre détail ce matin au réveil. Ce qui est rare chez moi.

— Bien. Et de quoi s'agissait-il ?

— Vous en faisiez partie, madame Gloria, de ce rêve ! et je pense devoir vous en faire le récit complet. Mais vraiment, excusez-moi, j'ignore d'où me sont venues toutes ces idées saugrenues !

— C'est égal, ma jolie, la coupa Gloria, je sais moi qui te les a inspirées. Parle vite ! »

Chapitre 24

Où l'on voit un déficit de personnel de maison entraver la toute-puissance de Satan

Le baron Ahriman était assis derrière son bureau. Une longue table laquée noire, réfléchissante comme un miroir. Face à lui tenait en suspension dans les airs un globe terrestre miniature avec lequel il se divertissait du bout des doigts, telle une balle de chiffon à l'extrémité d'un fil.

Près de lui, un clavecin sans musicien jouait un air parfaitement inharmonieux, mais qui plaisait aux oreilles du diable.

Dans la cheminée brûlaient avec force fumée noire de gros livres anciens où l'on vantait avec éclat l'amour entre les hommes et la miséricorde divine.

Un buste en marbre trônait sur une colonne, il s'agissait du vieux Job de la Bible. Le front de la statue était couvert des crachats que le baron ne

manquait jamais de lui infliger chaque fois qu'il passait près d'elle.
Ahriman était seul.
Lassé de jouer avec son globe, le baron regarda une clochette en argent posée sur un guéridon. Aussitôt, mue d'une vie extraordinaire, la clochette bondit et se mit à tinter cinq coups avant de retrouver l'immobilité et le silence.
Ahriman se passa les doigts sur le menton. Son visage ? Pour une fois, il n'était point masqué. Sa peau était lisse et d'un blanc irréprochable, ses yeux en amande présentaient un noisette clair et profond, ses lèvres vermeilles s'ouvraient sur une rangée de dents éclatantes, ses cheveux étaient châtains, longs et ondulés jusque sur ses épaules. Le baron Ahriman n'avait pas trente ans !
Il jeta un second regard vers la clochette qui tinta de la même façon exactement.
Personne ne répondait à l'appel.
Le grand personnage se leva et marcha d'un pas furieux vers sa porte.
Dans le couloir, aucune âme.
« Eh bien ! Quelqu'un m'entend-il ? »
Il aurait pu dire « Quelqu'un m'entend-il, que diable ? » mais ce n'était pas parmi ses tics de langage.
La maison était silencieuse. Le baron inspecta les étages. Écrire qu'il marchait sur les tapis serait par trop simpliste, Ahriman survolait le sol de quelques millimètres et semblait glisser comme une ombre.

Sauver Noël

Pour ouvrir les portes, il n'avait qu'à lever un doigt et elles se dégageaient d'elles-mêmes devant lui.

Personne, nulle part.

« Eh bien, mais que leur est-il arrivé à tous ces incapables ! »

Le diable était tout proche d'être agacé. Ce qui n'était jamais de bon augure ; cela pouvait engendrer des orages, des typhons, voire des glissements de terrain inexpliqués.

Mais à ce moment, un son se fit entendre dans la résidence :

Tic, tic, tic.
Tac, tac, tac.
Toc, toc, toc.

Devant l'incongruité de ce phénomène, le baron Ahriman changea aussitôt d'apparence : de jeune homme, il se transforma en un vieillard terrifiant avec des serres à la place des doigts.

Tic, tic, tic.
Tac, tac, tac.
Toc, toc, toc.

Le son provenait de l'étage de la bibliothèque.

Ahriman pénétra dans la vaste salle. Les rayons étaient remplis de volumes au format et aux reliures identiques. Il s'agissait d'une seule et même œuvre dont le récit s'étalait sur près de trois mille tomes : *Les Péchés humains inspirés par les démons*.

Le baron, bien que diable, y pénétra avec précaution. Il sentait que rien n'allait comme il

fallait, et que de mauvaises surprises devaient l'attendre.
Tic, tic, tic,
Tac, tac, tac,
Toc, toc, toc.
Plus de doute, les tapements provenaient de derrière la bibliothèque. Ahriman fit un geste de la main et la partie centrale en deux panneaux s'élargit. Le baron se retrouva face à l'armoire barrée par une pièce de bois. La même où il avait enfermé Harold Gui après l'avoir enlevé du village du père Noël.
Tic, tic, tic.
Tac, tac, tac.
Toc, toc, toc.
Les yeux du diable s'injectèrent de sang et il gronda comme un fauve à bout de patience.
D'un coup, les portes de l'armoire volèrent en éclats avec un bruit assourdissant et sous un souffle de tempête. Toutes les bougies de la salle furent éteintes et la seule lumière du lieu devint à présent le corps même d'Ahriman qui scintillait de l'intérieur. Un scintillement rouge et blanc.
Tout ce carnage fut accompagné d'un cri étouffé :
« Ahhhhhhhh ! »
C'était le lutin. Le lutin traître.
Il était bâillonné et ficelé comme un saucisson, à l'ancienne place d'Harold. Seule une main était libre. C'était elle qui provoquait les tapotements sur le bois du placard.

Sauver Noël

Sur le front perlé de sueur du mauvais lutin était posé une sorte de bonnet d'âne en papier. Un texte était écrit sur sa face extérieure.

Ahriman ne s'occupa pas de la détresse du lutin, ni ne chercha à lui rendre la parole en le débâillonnant. Il prit la note et lut.

Elle était signée d'Harold Gui et de Gloria Pickwick.

Chapitre 25

*Où les choses se gâtent
pour le baron Ahriman*

« Vous croyez que cela va marcher, madame Gloria ? demanda Harold avec inquiétude.
– Ma foi, nous avons obéi aux instructions inspirées à Claire par l'esprit Esclarmonde, répondit la gouvernante. La démarche à suivre ne pouvait être mieux expliquée que dans son rêve. Désormais, il faut attendre ! Espérons que le temps œuvre pour nous. »
Les deux cents lutins restés avec eux à Londres étaient à leurs côtés. Dans les heures qui venaient de s'écouler, Harold avait fait rappeler les rennes volants à l'aide d'un pigeon messager et toute la troupe avait été ramenée jusqu'en Irlande, jusque dans la grotte de l'île Blasket sous les ruines du monastère !
À présent, nos amis étaient blottis et attendaient. Ils avaient comblé le passage dégagé

Sauver Noël

auparavant grâce aux pioches d'Esclarmonde et s'étaient de nouveau enfermés.

Le mot laissé à Ahriman se voulait sans détour : Harold et Gloria s'y moquaient du baron, raillaient son piège de la grotte qu'ils avaient su déjouer en peu de temps. Ils disaient détenir à présent tous les éléments nécessaires (eh oui, le mauvais lutin avait parlé!) pour rejoindre les fées de la constellation du Petit Cheval, dénoncer ses funestes projets sur la Terre et préparer d'intenses représailles! Ils disaient aussi retourner sur l'île Blasket afin d'être emportés en *haut lieu*!

« Tout diable qu'il est, dit Gloria, il préférera éviter l'affrontement. Son meilleur moyen est encore de nous empêcher de voir la fée Dora. »

Le plan fonctionna à merveille.

Le baron Ahriman atterrit sur l'île, avec l'idée d'anéantir les témoins de son retour, Harold, Gloria et tous les lutins si besoin.

Pour s'assurer des dires extravagants du lutin traître et voir si ses prisonniers étaient toujours là où il les avait enfermés, le méchant baron se dirigea sans tarder vers les ruines du monastère et les pierres écroulées sur les marches de l'escalier. D'un coup de doigt, il débarrassa le passage et...

... tomba sur nos amis pressés comme des noix dans un sac de cargaison!

« Eh bien quoi ? se dit le diable. Qu'est-ce donc que cette histoire de la lettre sur le lutin traître ? »

Sauver Noël

Mais il n'eut pas le temps d'achever cette question, il sentit quelque chose lui attraper le col et le tirer brutalement en arrière. Le mouvement fut si vif et violent qu'Harold et Gloria crurent voir ses yeux de démon débouler de leurs orbites !

« Allons voir ce qui se passe ! » dit la gouvernante en poussant les pierres pour retrouver le jour et suivre Ahriman.

Au-dessus de l'île, un long faisceau de lumière noire tombait verticalement du ciel. Un trait d'encre qui barrait le ciel.

Aujourd'hui, le climat était dégagé et le soleil scintillait, en dépit du froid ; pourtant, pas un seul reflet n'altérait ce phénomène obscur descendu du ciel. À son point d'impact sur le sol de l'île, une fumée bleue se constitua et la fée Dora apparut !

« Ah ! dit Harold en la voyant. Voilà ce que c'était : un piège ! Il nous fallait attirer le baron jusqu'ici afin qu'il se confronte à la fée. Sans doute ne peut-elle risquer de se montrer ailleurs que sur cette île isolée ? Comme pour le rendez-vous avec les lutins ? »

Harold avait compris juste. Cette île possédait une histoire très particulière qui expliquait le choix de la fée.

Le baron Ahriman se remettait de sa chute, il s'était renversé sur les fesses !

« Fée Dora ! lança-t-il à la femme magique qui portait sa robe noire et ses longs cheveux blonds.

Sauver Noël

Je ne pensais jamais vous revoir en cette contrée!... Vraiment, vous avez toutes les audaces. Rentournez-vous sur-le-champ, avant que je perde patience et que je sévisse!»

La fée sourit. Elle leva un doigt et le faisceau noir disparut. Mais à sa place, un gigantesque nuage sombre apparut sur leurs têtes et se mit à tournoyer comme le cœur d'un typhon. Il devint terriblement épais et terriblement menaçant!

« Hola! prédit Gloria, m'est avis que cela va se gâter!»

Force nous est de donner raison à notre sympathique personnage.

Toutefois, Gloria, Harold et les lutins (comme les quelques habitants de l'île) n'allaient plus rien voir de la suite de ce chapitre. J'entends par là que, d'un mouvement de tête de la fée Dora, le temps s'interrompit autour d'elle et du baron Ahriman. Tout se trouva figé comme sur un cliché photographique! L'écume qui frappait le rivage s'immobilisa telle une bobine de coton, le vent ne soufflait plus, aucun bruit ne traversait le paysage, les mouettes demeuraient en suspens comme sur le papier peint d'une chambre d'enfant. Quant à Harold et Gloria, la dernière expression de leur visage resta imprimée pour de bon autour du nez, jusqu'à nouvel ordre. Seuls le baron et la fée, et le nuage tourbillonnant au-dessus d'eux, étaient encore mus par un semblant de vie.

Sauver Noël

Cher lecteur, considère-toi comme privilégié, tu vas assister par la grâce du conte à ce que nos personnages eux-mêmes ne pourront pas voir!...
« Vous cherchez l'affrontement? murmura Ahriman sans l'ombre d'une inquiétude. Comme autrefois?
– Comme autrefois.
– Au même endroit, qui plus est! Quelle ironie!
– L'histoire se répète souvent, baron. Et vous avez échoué auparavant. Cela devrait vous amener à plus d'humilité. »
Le baron partit dans un grand rire caractéristique.
« Je ne regarde jamais vers le passé, dit-il. Question d'humeur, sans doute.
– Trop de mauvais souvenirs, dirais-je plutôt. Le grand avantage avec le diable que vous faites, c'est qu'il est indécrottablement idiot! Vous vous faites toujours prendre, Ahriman. C'en est fatigant à la longue. Ne pouvez-vous pas rester au repos là où l'on vous a assigné et laisser les hommes en paix?
– Et vous, madame la fée? Je vous demande pardon, mais que faites-vous ici? Et pourquoi avoir instauré Noël l'an dernier? Ne devions-nous pas, tous les deux, et d'après un accord bientôt millénaire, ne plus jamais intervenir dans ce monde? Vous avez brisé ce serment la première. Et aujourd'hui encore, vous voilà pour vous mêler

Sauver Noël

de choses qui ne vous concernent pas ! Vous avez mauvaise grâce à me couvrir de reproches !

– Je me serais abstenue d'apparaître, si l'on ne m'avait pas fait connaître vos plans et votre choix de rester parmi les hommes.

– Hé, mais je n'utilise aucune magie, figurez-vous ! ricana le diable. Je n'ai qu'à me couler dans la société des hommes telle qu'ils l'ont fabriquée en notre absence ! De la sorte, je ne brise pas notre loi. Leurs institutions publiques sont merveilleusement bien adaptées à mes objectifs ! Inutile de jouer au démon comme autrefois ! Vous m'accusez à tort. Décidément, vous voyez le mal partout !

– Je le vois surtout là où vous êtes. Mais inutile d'ergoter : vous avez passé les bornes, et vous le savez ; par là même, je prends le droit de revenir pour vous servir une bonne correction.

– Oh !... tout de suite les mots qui fâchent ! Quand apprendrez-vous donc à être aimable ?... »

Et là, sans prévenir, le baron se transforma dans les airs en un puissant dragon rouge et souffla une terrifiante colonne de feu sur la fée !

Mais celle-ci pivota sur elle-même et se changea à son tour en dragon blanc, répondant du feu au feu.

Le dragon blanc attrapa le dragon rouge à la gorge, le fit tournoyer et le lâcha pour l'expédier vers les nuages. Mais le baron, tout en roulant sur

Sauver Noël

lui-même et en criant de douleur, se transforma en une boule de glace qui retomba vers le sol pour écraser la fée Dora. Celle-ci se changea en chevalier de la cour d'Uter Pendragon et fit un bond de côté pour éviter le projectile qui se brisa en mille morceaux! Mais chaque éclat de glace se mua soudain en scorpion qui courut vers Dora pour la larder de sa pointe vénéneuse. Seulement la fée avait simultanément pris l'apparence d'un ogre géant et elle souffla de tous ses poumons pour renverser les bestioles jusque dans l'eau figée de l'océan! Les scorpions, presque noyés, se regroupèrent les uns sur les autres pour former un colosse. Dora n'eut pas le temps de se changer en torrent de lave, le baron l'avait attrapée par sa tignasse d'ogre et projetée dans les airs.

Le but de ce combat était de refouler son adversaire jusque dans l'œil du cyclone qui grondait au-dessus d'eux. Celui qui s'y ferait aspirer aurait perdu la lutte pour de bon!

Je sais, les batailles de magiciens se ressemblent toutes, c'est là un de leurs paradoxes; un infini de moyens amène toujours un résultat presque identique. On se chamaille à coups de monstres et de projectiles, établissant une suite de métamorphoses dignes d'une stratégie de jeu d'échecs. Il s'agit que l'un des deux joueurs manque d'anticiper un coup et il est battu!

Dora était projetée vers le cyclone, mais au bord de se faire engloutir, elle put se transformer

Sauver Noël

en un grand aigle et dévier sa course vers les nuages.

À terre, le baron Ahriman avait retrouvé sa silhouette jeune et svelte vue dans son bureau ; seulement il accomplit un geste de ses bras, de droite à gauche, et, loin devant lui, une redoutable vague d'eau salée s'éleva dans le ciel. On eût cru voir l'océan quitter son lit naturel. Cette masse pesante et glacée entraîna l'aigle Dora dans sa chute. La fée disparut sous le fracas d'eau qui retombait.

Le baron éclata de rire. Il regarda le cyclone sur sa tête et leva les bras vers lui. Aussitôt, l'œil sombre accéléra ses rotations et tout fut aspiré. Ahriman ne bougeait pas, mais l'eau de la mer était emportée dans le ciel ! Et Dora, empêtrée, n'allait pas manquer de disparaître de la sorte.

Contre cela, la fée se changea en un gigantesque monstre marin capable de résister à tous les courants. Elle s'abattit sur la terre de l'île et décocha un formidable coup de queue au baron !

Coup donné pour coup rendu.

Si le temps était suspendu, cela pouvait aussi bien durer une éternité !

Mais, Dora nous l'a déjà dit, le diable est idiot. Pour un instant, la fée lui fit croire qu'elle se changeait en chouette comme la déesse Athéna, et Ahriman (qui connaît mal ses classiques) décida de la pourchasser en se muant en dieu ailé Mercure. Mais il vit alors Dora se déployer tel un

Sauver Noël

immense filet dont il se trouva prisonnier, les pieds enchevêtrés dans les mailles. Le temps de réfléchir à la parade, Dora s'était jetée d'elle-même dans l'œil du cyclone avec sa proie !

Ils disparurent tous les deux.

Seule une goutte de pluie se détacha du bord du gouffre et tomba jusque sur l'herbe verte de l'île d'Irlande. Dans cette gouttelette d'eau, Dora reparut. Saine et sauve.

Elle sourit. Le cyclone commençait à se refermer sur lui-même, conservant le diable dans ses entrailles !

Dora claqua deux doigts et le temps des hommes reprit son cours.

« ... Ça va drôlement se gâter ! » répétait Gloria, prête à assister au combat.

Elle sursauta.

« Bah ! où est passé le baron ? »

Pour Harold comme pour Gloria, pas une seconde n'avait filé entre le début et la fin du combat du diable et de la fée.

Cette dernière montra du doigt le cyclone qui se refermait.

« C'est terminé, dit-elle.

– Quoi ? fit Gloria. Qu'est-ce qui est terminé ?

– Le baron Ahriman ne vous importunera plus. Enfin... pas avant un très très long moment. »

Gloria se tourna vers Harold.

« Tu y comprends quelque chose, toi ? »

Harold regardait le gros nuage.

Sauver Noël

Les rayons du soleil se déposaient sur l'île, plus radieux et plus étincelants ; la mer était devenue calme, un vent étrangement doux se glissa entre les cheveux du garçon et le fit frissonner.
Une fois de plus, le Bien l'avait emporté sur le Mal.
Le gouffre allait disparaître entièrement, mais un point lumineux apparut subitement en son centre, comme l'éclat rapide d'un phare.
« Attention ! » cria la fée Dora.
Un rayon s'abattit à toute vitesse et vint percuter Gloria Pickwick.
Le cyclone disparut, accompagné du rire guttural du baron Ahriman...
Ce coup était son dernier trait vengeur.
Gloria gisait au sol. Tout le monde se précipita auprès d'elle.
Elle ne bougeait plus.
Et elle ne respirait plus !

Chapitre 26

Qui contient le portrait fidèle de la fin de vie d'une belle âme. Et montre, entre autres sujets attendrissants, que la mort n'est en réalité qu'un autre conte pour enfants qui commence...

Gloria se réveilla dans une chambre douillette, tout en bois, avec un beau feu qui crépitait dans le foyer. Elle était allongée sur un lit profond qui sentait le frais, couverte d'une couette blanche, la tête contre des coussins aux housses bordées de dentelle.

Autour d'elle se tenaient en silence sa fille Zoé, dont elle remarqua la mine affligée, Meredith Balmour et ses trois enfants, Harold, le chef des lutins et la fée Dora. Tous l'entouraient avec détresse.

« Où suis-je ? demanda la gouvernante.

— Chez le père Noël, madame Gloria », répondit Harold.

En effet, nos amis se trouvaient en ce moment dans les nouveaux locaux construits par les lutins

Sauver Noël

au pôle Nord pour remplacer le village et la fabrique de jouets dévastés par les hommes du baron Ahriman.

« Ah oui ? » articula péniblement Gloria.

Elle était pâle, son front suait, elle endurait une fièvre terrible. Ses yeux semblaient avoir rétréci ou s'être renfoncés, le piquant de son regard s'était évanoui, même le feu de ses cheveux roux avait passé. Elle avait beaucoup maigri, la pauvre, et toute sa tête ressemblait maintenant au crâne d'un petit oiseau.

« Que m'est-il arrivé ? » murmura-t-elle, la voix entrecoupée par le manque de souffle.

Zoé s'approcha.

« Tu es très malade, lui dit-elle. La fée Dora a réussi à te rendre l'esprit grâce à des philtres de sa fabrication. Cela faisait des jours et des jours que tu n'avais pas ouvert les yeux ni prononcé un mot, maman.

– Ah ! je suis donc si malade... mais le baron ?... le baron Ahriman ?

– Calme-toi, maman », insista Zoé avec inquiétude.

La fée avança au chevet de la femme.

« Ne craignez rien, madame, lui dit-elle. Le baron a disparu pour de bon. Il ne reviendra plus. C'est terminé. »

Le visage de Gloria s'éclaircit.

« Bien. C'est que je ne me souviens plus très bien des circonstances... Enfin, le résultat seul compte... »

Sauver Noël

Elle regarda autour d'elle.
« Je ne vois pas de médecin. Ma situation est donc à ce point désespérée ? Je vais mourir ?... »
Personne n'osa lui répondre.
Gloria sourit.
« Approchez, mes enfants, que je vous regarde avant qu'il ne soit trop tard. »
Elle s'adressait à Zoé, Katherine, Emily et Robert Balmour. Chacun son tour, ils lui prirent une main et la baisèrent.
« Vous êtes bien mignons... »
Gloria vit Meredith Balmour qui cachait ses larmes derrière un mouchoir.
« Comment vous portez-vous, Madame ? J'espère que vous vous en sortez sans moi ! »
Meredith ne put s'empêcher de rire, malgré ses yeux brillants.
« Oh ! Gloria, rien ne va jamais sans vous, voyons, vous le savez bien. »
Gloria hocha la tête. Un peu de flatterie lui faisait plaisir.
« Mais rassurez-vous, reprit Meredith, tout est rentré dans l'ordre. Grâce à Dieu, des documents ont apparu à Londres qui ont prouvé que mon pauvre mari avait été le jouet d'un complot. Notre fortune nous a été rendue, ainsi que la maison de Collins Square. Les enfants sont guéris de tous les maux qui les frappaient. Nous sommes heureux de nouveau. Hélas ! sans notre cher Davy auprès de nous pour profiter de cette bénédiction...

Sauver Noël

– Je suis convaincue que là où il se trouve, il se réjouit en ce moment de voir la vie vous sourire enfin. »

Gloria regarda la fée Dora d'un œil qui lui disait : « Merci pour les Balmour. » La gouvernante demanda ensuite :

« Madame la fée, que va-t-il m'arriver maintenant ? La mort ?

– Ce n'est rien. L'on pense à tort que la mort est un bond dans l'inconnu. C'est tout le contraire. La mort est un retour dans un monde familier. Le bond dans l'inconnu, voyez-vous, c'est la vie justement... Mais cela, on ne le découvre que bien tard...

– Est-ce douloureux ? Vais-je souffrir ?

– Non, Gloria. La mort nous prend sans que l'on s'en rende compte... »

La gouvernante soupira.

« Mon Dieu, quelle histoire !... Quelle aventure depuis le dernier Noël !... »

Gloria se releva presque sur ses coudes.

« Précisément !... Où est-il, ce père Noël ? C'est pour lui que nous avons souffert tous ces déboires ! Puis-je le voir ? »

Dora regarda Harold et lui fit un signe positif.

« Je vais le chercher, dit le garçon. En fait, il n'osait se présenter à vous...

– Ah ! il n'est plus temps de faire le timide. Je serais contente de le voir !... Moi qui, il y a encore quelques semaines, refusait de croire en les

Sauver Noël

choses de l'esprit, voilà que je me trouve avec une fée et un lutin à mon chevet ! Alors, pourquoi pas le père Noël ? »

Harold sourit et sortit.

Il y eut un temps de silence. Plus personne n'osait bouger. Hormis Zoé qui couvrait sa mère de baisers.

La porte de la chambre se rouvrit et le père Noël apparut.

Une forte émotion étreignit la pièce. Les enfants retinrent leur souffle devant la silhouette du vieil homme qui s'avançait.

Il était très grand, très fort, recouvert de sa houppelande blanche et rouge, serrée à la taille par une grosse ceinture noire. Sa barbe blanche lui arrivait au milieu du ventre. Le bonhomme sympathique ressemblait parfaitement à l'imagerie populaire qui s'était créée autour de lui depuis quelque temps.

Le père Noël approcha de Gloria.

Pour le coup, la gouvernante fanfaronne n'en menait pas large, elle était intimidée ; seulement la petite flamme enfantine qui habitait ses yeux avant de disparaître lors de son accident reparut un temps avec la contemplation du vieillard de légende.

« Bonjour, madame », lui dit-il.

Il l'embrassa.

« Merci pour tout ce que vous avez fait. Vous avez sauvé Noël, Gloria Pickwick ! Les enfants qui

Sauver Noël

connaîtront votre histoire penseront à vous à chaque Noël et, comme moi, dans leurs prières, ils vous remercieront pour cette fête qui perdure.
— Oh! vous savez, père Noël, ce n'était pas sorcier!»
Et là, tout le monde ne put s'empêcher de rire.
« Mais au vrai, ajouta le père Noël, qui d'autre qu'une femme pouvait sauver cette fête des enfants?
— Une femme et une mère.
— Oui... une mère...»
Le père Noël s'effaça et fit s'avancer Zoé vers Gloria.
« Ma petite, laisse-moi encore t'embrasser... je suis si contente de te voir... Il faudra que tu m'excuses... car, au cours de cette aventure, j'ai dû dépenser ta cagnotte d'économies pour ton magasin de fleurs et...
— Ne vous inquiétez pas, coupa Meredith Balmour, Zoé ne manquera de rien, je vous le promets.»
Cela soulagea grandement la gouvernante.
Elle ne quittait plus les yeux de sa fille.
« Sois heureuse, ma petite. C'est important. Les gens heureux ne font pas de mal autour d'eux. C'est essentiel...»
Elle se tourna vers les enfants Balmour.
« Cela tient pour vous aussi. Et pour Harold aussi. Tiens? Où est-il celui-là?
— Je vais le chercher, dit le père Noël. Sans doute que le bougre est en train de vérifier ou de

Sauver Noël

réparer quelque chose dans la fabrique ! Il ne peut s'empêcher de travailler !
– C'est une bonne maladie, répondit Gloria.
– Adieu, Gloria.
– Adieu, père Noël. »
Le vieil homme sortit par la porte.
« Il ne faudra pas oublier la jeune Claire ! dit Gloria à Dora. Elle nous a beaucoup aidés, elle aussi.
– Elle ne sera pas oubliée, vous pouvez vous rassurer sur son compte. »
Ensuite, la gouvernante toussa fortement. Ses traits se contractaient sous l'effet de la douleur. Tout le monde regardait Dora pour qu'elle fasse quelque chose, mais la fée fit signe que plus rien n'agirait désormais.
On pleurait beaucoup.
Harold rentra.
« Ah ! te voilà, chenapan !... Sacré garçon, va ! Allez, je suis bien heureuse d'avoir fait ta connaissance. Tu as bousculé ma vie, mais tu lui as donné un sens, digne d'un conte, ce n'est pas rien.
– Oh ! madame Gloria... »
Harold pleurait lui aussi.
Ces larmes eurent l'effet de tirer un dernier sursaut de Gloria Pickwick, un dernier coup de colère dont elle avait le secret.
« Allons, il faut cesser de larmoyer maintenant ! Bon sang, nous vivons une histoire qui se termine

Sauver Noël

bien, ou je ne m'y connais pas ! Noël est sauvé, le baron est englouti, c'est une *happy end* ! Soyons gais, crénom ! »

Sa tête retomba dans les coussins.

« Soyons gais, crénom... » répéta-t-elle.

Zoé épongea son front avec un linge frais.

Gloria regardait le plafond. Puis elle fronça les sourcils et se redressa quelque peu.

Une aura lumineuse était apparue dans la chambre.

« Qu'est-ce que cela ?

– De quoi parlez-vous, maman ?

– La lumière, là ? »

Le halo était cotonneux, un peu transparent comme la traîne d'une méduse. Et puis soudain, un personnage apparut à l'intérieur. C'était un petit homme. Il était à peine plus grand qu'un enfant, le nez et les joues couverts de suie, habillé d'un pantalon sombre et d'une redingote maculée de suie.

« Bon sang, c'est mon mari. Newman ! »

L'homme approcha en souriant.

« Bonjour, Gloria.

– Newman, mon mari chéri ! C'est toi ! Viens. Approche ! »

Mais Gloria, égale à elle-même, releva un sourcil de désapprobation.

« Dis donc, tu as grossi, ma parole ! Qu'est-ce donc que l'on te fait manger dans l'au-delà ?! Ah ! on voit bien que tu n'as plus depuis longtemps ta Gloria pour te surveiller ! »

Sauver Noël

— Je suis heureux de voir que tu n'as pas changé, ma jolie.
— Changé ? Pourquoi changé ? C'est moi, Gloria Pickwick ! »

Newman lui prit la main et la femme se releva du lit presque sans effort.

« Tenez, les enfants, dit-elle, voyez, je me sens déjà beaucoup mieux. »

Elle regarda autour d'elle, mais tout le monde avait disparu, même la chambre et le lit.

« Ah ! fit Gloria tristement. La fée avait raison... c'est donc quelque chose que l'on ne voit pas venir... »

Newman lui serrait la main, tout souriant.

Ils s'embrassèrent.

Depuis ce baiser émana une lumière blanche qui grandit, grandit, grandit, au point de tout éblouir, et tes yeux de lecteur devant ce petit livre tenu entre tes mains, et mes yeux de conteur en train de gratter mon papier avec un crayon bleu.

Gloria Pickwick s'en est allée...

Chapitre 27

Le dernier

Gloria reposait morte sur son lit. Zoé et les enfants sanglotaient. Meredith prit la fille de sa gouvernante dans ses bras. Le malheur de ces pauvres personnages était poignant.
Harold regarda alors la fée Dora. Avec insistance. Elle comprit ce qu'il insinuait.
« Tu as raison, murmura-t-elle. Cela ne peut pas se terminer de la sorte ! »
Elle ferma les yeux et dit :
« Je vais payer cher pour cela...
– Merci, fée Dora », lui répondit le garçon.
La femme se concentra, fronça les sourcils et le front...
... et soudain tout disparut !

Tout !

Non seulement le décor et les acteurs, mais aussi toutes les dernières semaines d'action,

Sauver Noël

l'enlèvement d'Harold et le sac de la fabrique de jouets par les hommes d'Ahriman, Collins Square et les nouveaux locataires...

... la fée Dora effaça de manière permanente le temps de souffrance qu'avait infligé le baron à tous nos personnages depuis son retour sur terre !

Elle fit si bien que vous et moi nous retrouvons désormais de retour au 25 décembre 1854 !

Souvenez-vous...

Il fait encore nuit. Le petit matin pointe à peine.

La jeune Zoé sort enfin de sa chambre. Hier soir, elle a essayé de veiller comme tous les enfants pour surprendre l'arrivée du père Noël, mais n'a pas pu tenir.

Maintenant, elle court vite réveiller sa mère qui dort paisiblement (car cette fois-ci, elle a passé une excellente nuit, Gloria la rousse ! Pas de baron et de fanfarons pour faire la fête sous ses fenêtres).

« Maman ! Maman, levez-vous... Puis-je aller voir si le père Noël est passé ? »

Gloria sourit.

« Tout de suite, mon enfant. »

Elles descendirent ensemble dans le salon. Le sapin brillait toujours. La petite tenait fermement la main de sa mère. Au moment d'approcher de l'arbre, elle pressa tant les doigts de Gloria que celle-ci fit un « outch ! » de douleur.

Sauver Noël

Ce « outch » fut suivi d'un « oh ! » dans la bouche de Zoé.
Une foule de cadeaux reposait sous le sapin !
La petite fille, sidérée et heureuse, se précipita pour lire les noms sur les étiquettes. Il y en avait pour toute la famille Balmour...
Elle trouva enfin le paquet qui lui était destiné.
Elle défit le papier avec d'infinies précautions...
Le père Noël lui avait répondu favorablement : elle serra fort contre son cœur la belle poupée rose et blanche de Mayfair qu'elle lui avait demandée dans sa lettre !
Gloria était bien heureuse, elle aussi. Le visage de sa fille avait rarement autant irradié de bonheur.
Les enfants Balmour arrivèrent ensuite dans le salon et ouvrirent leurs cadeaux.
Partout dans le monde, les enfants découvraient pour la deuxième fois la magie bienfaitrice de Noël ! Le père Noël n'avait oublié personne...
À Gloria vinrent se joindre Meredith et Davy Balmour. Devant le spectacle enchanté de leurs enfants jouant parmi leurs cadeaux, tous les trois se regardèrent avec émotion. Ils étaient parfaitement heureux... Les plaisirs de Noël étaient aussi pour les adultes...

Pourtant, s'ils savaient ce que nous savons, vous et moi ! Toutes ces péripéties surmontées

Sauver Noël

dans ce conte pour arriver à remettre les choses à leur place.

Enfin... Disons-le une bonne fois pour toutes : Noël a été *sauvé !*...

*

Mais ?

Mais, dans tout ce bonheur, nous avons toutefois oublié un personnage... et cela n'est pas bien, vous en conviendrez. Surtout en ce matin de Noël où personne ne doit se sentir lésé.

Le conteur Eliot Doe, pardi !

Le vieil homme, toujours solitaire dans sa cabane battue par les vents, ne comprenait absolument pas d'où lui était venu ce rêve d'une grosse femme rousse accompagnée d'un enfant et de deux lutins qui lui demandait d'emprunter sa machine volante !

Il doutait surtout du crédit qu'il devait apporter à un passage du songe où l'enfant et les lutins lui promettaient de revenir à la fin de leur aventure pour lui raconter toute l'histoire du Grand Départ des esprits et des fées ! L'Exode magique !

Eliot Doe était consterné par le réalisme de ce rêve, et le fait qu'il lui revienne si souvent à l'esprit.

« Je deviens fou... » se dit-il.

« Vous verrez, *une histoire qu'on ne vous a jamais racontée !* » lui avait pourtant promis le garçon imaginaire.

Sauver Noël

L'écrivain ne se souvenait plus des noms des personnages de son rêve. Il résolut de tout oublier.

Cependant, un matin, il aperçut trois petites silhouettes qui s'approchaient de chez lui. C'était assez rare pour qu'il s'en émeuve. Étaient-ce des villageois ? Des visiteurs attirés par la réputation pittoresque de l'ermite ? Des lecteurs admiratifs ? Non pas.

« Crénom de crénom ! » hurla-t-il.

C'était le chef des lutins, flanqué de deux de ses semblables, spécialistes en histoire !...

Habitué des légendes, Eliot avait reconnu leurs oreilles pointues, leurs curieuses rétines sombres, et ce petit air espiègle que ces êtres promènent partout avec eux.

Des lutins !

Comme cela arrive souvent en de pareils cas, le vieil homme s'évanouit et s'écroula de tout son long sur le gazon.

Les petits êtres se précipitèrent pour le ranimer.

Mais la suite... c'est pour une tout autre histoire !

Table

1. Gloria Pickwick, sa vie, son œuvre... 11
2. Qui sera assez court, et pourra paraître de peu d'importance ici, mais qu'il faut lire néanmoins, parce qu'il complète le précédent, et sert à l'intelligence d'un chapitre qu'on trouvera en son lieu........................ 31
3. Paraphrase de cet adage philosophique : que chacun reste chez soi et les moutons seront bien gardés...... 23
4. Où Gloria s'interroge comme le grand Benjamin Franklin. Où Gloria s'énerve et se vexe. Où Gloria décide de ne plus prêter attention à ce curieux voisin............................... 31
5. Où nos quelques fidèles lecteurs retrouvent des personnages issus de *Une seconde avant Noël*. Et où nous nous montrerons tout à fait en accord avec M. Charles Dickens lorsqu'il prétend : « Si le monde va de travers, c'est que, par suite d'une cer-

Sauver Noël

taine désinvolture, il n'a jamais été destiné à marcher droit. » 42
6. Où le père Noël revient pour le plus grand plaisir des petits 52
7. Où Gloria revient sur sa position. 57
8. Où il est indubitablement démontré que le jour où Dieu résolut de créer la femme, il eut d'abord une excellente idée et, ensuite, confirma qu'il avait beaucoup de goût (mais, au vrai, on n'en attendait pas moins de Lui). 62
9. Où Gloria découvre le secret du baron Ahriman 72
10. Où les esprits chagrins sont priés de garder pour eux leurs commentaires sarcastiques sur la non-existence des fantômes et des fées 82
11. Où se vérifie cette pensée de saint Augustin qui affirme que des démons sont si multiples qu'on ne saurait les nier sans une grande imprudence... .. 93
12. Où Gloria se décide enfin ! 102
13. Où il est question d'une île perdue dans la brume et chère aux petits lutins. . . 110
14. Où les lecteurs font la connaissance d'un certain Eliot Doe, auteur de contes pour enfants de son état 115
15. Où les écrits de Mr. Eliot Doe se confirment 134

Sauver Noël

16. Où Gloria découvre la Taverne du marin pochetron 144
17. – Dites-nous, monsieur le conteur, où puisez-vous toutes vos idées ? – Ma foi, cher lecteur, je fais comme d'habitude : je les trouve sous le sabot d'un cheval ! 153
18. Je vous ai déjà fait le coup : « Bon, ben, là... vous verrez bien ! » 165
19. Devant un océan, il y a ceux qui vont s'imaginer des voyages merveilleux et d'autres qui n'y verront que le mal de cœur qui les attend. Devant un ciel étoilé, il y a ceux qui sentiront partout des mondes porteurs de vie et d'autres qui n'y verront que du vide béant et silencieux. Chacun croit à l'invisible selon sa nature..................... 171
20. Que vaut l'idée d'harmonie contre la souffrance d'un enfant ?............. 185
21. Où Benjamain Franklin et Jack Black unissent leurs talents au service de la cause de Gloria et de Harold........ 190
22. Dans lequel Gloria passe pour une cinglée ! 201
23. Où le traître de Noël est démasqué .. 207
24. Où l'on voit un déficit de personnel de maison entraver la toute-puissance de Satan......................... 213

245

Sauver Noël

25. Où les choses se gâtent pour le baron Ahriman 218
26. Qui contient le portrait fidèle de la fin de vie d'une belle âme. Et montre, entre autres sujets attendrissants, que la mort n'est en réalité qu'un autre conte pour enfaNts qui commence.......... 228
27. Le dernier 237

Déjà en librairie
le nouveau thriller de

ROMAIN SARDOU

PERSONNE N'Y ÉCHAPPERA

découvrez le premier chapitre sur
xoeditions.com

Achevé d'imprimer en octobre 2006
sur les presses de l'imprimerie Gauvin,
Gatineau, Québec